ガールズ・メディア・スタディーズ

田中 東子
[編著]

竹田 恵子／上村陽子／中條千晴
中村香住／東　園子／有國明弘
渡辺明日香／村上　潔／梁・永山聡子

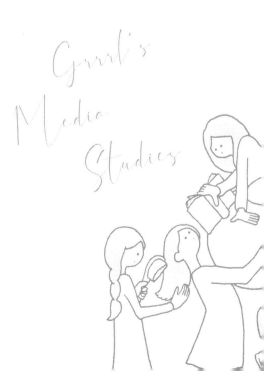

北樹出版

は　じ　め　に

　みなさんは日々、どのくらいメディアにふれて生活しているでしょうか？新聞やテレビやラジオのような従来型のメディアだけでなく、映像や音楽、小説やマンガを読む時などにスマートフォンやタブレット端末を使っているので、ずいぶんと長い時間、メディアにふれているかもしれませんね。

　新聞やテレビなど「放送」を担ってきた従来型のメディアと、手紙や電話などの「通信」を担ってきた媒体とが融合したデジタル社会において、私たちはより多くの時間をメディアとともに過ごすようになりました。大学生のみなさんに、1日にどのくらいの時間メディアとともに過ごしているか計測してもらうと、多くの場合は6〜7時間程度。12時間と答える人もいるくらいです。

　さらに、もともとコミュニケーションをとるのが大好きな若い女性たちが、放送と通信が融合した現在のメディアやデバイスを、かつて以上に使いこなすようになり、メディア・ユーザーとしての女性たちの存在が非常に重要なものになってきたという研究もあります。

　そこで私たちは、女性たちがどのようにメディアのなかで描かれているか、もしくは女性たちがどのようにメディア文化を生き生きと創っているのか、という点に関心のある学生たちに向けて、教科書を執筆することにしました。

　とはいえ、これまで日本においてだけでなくそれ以外の多くの国で、メディアと女性との関係は、あまり良好なものであるとは考えられていませんでした。たとえば新聞社で記者として情報を発信する人の多くは男性でした。ニュース番組のメインキャスターとして報道に携わるのも年配の男性が多く、女性キャスターはそんな男性たちに相槌を打つ、添え物のような存在として位置づけられてきました。このように、メディアを駆使してコンテンツを制作し、もしくは、コンテンツのなかで中心的に語る主体は、多くの場合、男性たちだったのです。

　ところが今日の社会において、女性たちはかつてないほど活発にコミュニケーション活動を行い、情報を生産し、同時に消費活動を行うようになりました。その活動内容のよしあしについては詳しく観察し、検討していく必要があ

るかもしれません。けれども、メディアとコミュニケーションの領域で女性たちの存在感が高まりつつあることは、間違いなく確認できると思われます。その結果、女性たちの行動や実践や発言に注目し、光を当て、研究の対象とすることへの理解は以前より格段に進みました。本書のような教科書が編まれることになった背景には、メディアと女性の関係の変化があるのです。

そこで本書では、メディア文化における若い女性たちの地位と表象について検討し、女の子たちの生み出す新しい文化実践について分析した論考を集めてみました。これらの分析によって本書は、メディアと若い女性たちとの関係を考察するみなさんに、新しい視角と分析を提供し、さらにはあらたな実践へと誘うことができると考えています。

本書は、大きく2つのパートによって構成されています。

パート1「表象と解釈」では「女の子たちはどのように表象され、どのように解釈されてきたのか？」という問いに基づいて、メディア文化空間における若い女性の表象について考え、既存の表象に対する批判的なまなざしを養成するための論考を集めています。つまり、支配的な表象がどのように若い女性を「弱くて」「頼りない」「受け身の」存在であるかのようにイメージさせてきたのか、そしてそうした支配的な表象に女性たちがどのように立ち向かっているのか？　もしくは、それらとどのように交渉しているのか？　という点について考えるための手がかりとなるような論考です。とくに、支配的な表象がもたらす力や抑圧に対して女の子たちには交渉の余地はあるのか？　交渉できるとするならどんなふうにしているのか？　そもそも交渉する余地はあるのか？　といった疑問とともに、「広告」・「映画」・「ポピュラー音楽」・「メイド喫茶」・「援助交際」を対象として分析を行っています。

パート2「交渉と実践」では「女の子たちはどのように既在の社会と交渉し、自分自身を表現しているのか？」という問いかけに基づいて、紙や映像など既存のメディアだけでなく、デジタル・メディアやソーシャル・メディアを用いながら、自己表現や社会運動に携わる若い女性たちの実践、場合によっては「フェミニズム」との交渉のプロセスについて明らかにしていく論考を集めています。女の子たちは従来のメディアだけでなく、今日の新しいメディア技術を利用して、どのように自分たちを、自分たちの身体を、自分たちの声を表

現しているのでしょうか？　そして、メディア文化を生産する女の子たちという現象を、私たちはどのように観察し、調査することができるのでしょうか？　こうした疑問とともに、パート2では、「ダンス」・「ファッション」・「アート」・「Zine製作」・「社会運動」を対象として分析を行っています。

　本書を手に取ったみなさんは、最初の章からひとつずつ読み進めることもできます。しかし、それぞれの章の内容は完全に独立しているので、目次を眺めて気になった章からページを開き、飛び飛びに読んでもらうこともできます。さっそく本をめくってみて、気になる言葉を見つけて読み始めてみてください。

　各章の構成ですが、まずは各章で扱うテーマや現象について説明する導入部分があり、次に具体的に現象や事例を分析するためのデータや資料の提示、そしてそれぞれの現象や事例を分析するために必要な理論もしくは学説の紹介、そして最後に調査結果の提示とまとめの部分となっています。

　それぞれの章は（その構成は少しずつ異なってはいるものの）、みなさんが調査レポートや卒業研究を書く時の模範となる組み立てになっています。ですから、内容を読んでしっかり理解するのと同時に、それぞれの章が論証や分析を行う際にどのようなデータや資料を提示し、どのような理論や学説に基づいて分析しているのか、注意深く観察し、自分自身の調査や研究を行う際の参考にしてほしいと思います。

　また、各章に示されている「話しあってみよう」「読んでみよう」「調べてみよう」「書いてみよう」という囲み部分の記述を参考にすることで、グループ学習やさらなる学びに取り組むこともできるでしょう。そして、本書ではQRコードが印刷されています。本書を読む時には、スマートフォンを横において、必要に応じてスキャンしてみてください。本書を執筆する時に各執筆者が引用した文献・語句解説関連情報は、オンライン上のスペースに掲載されています。

　本書は紙に印刷されて完成した媒体ではなく、オンラインの空間と接続されることで無限に展開していくメディア＝媒体として、あらたな可能性を読者のみなさんに提示しているのです。

執筆者を代表して　田中　東子

目　　次

PART

1

表象と解釈

G irls' Media Studies

どんな女の子でもどこにだって行ける 1
ハリウッド映画における女性表象

映画界は #Me Too 運動の震源地のひとつである。映画プロデューサーのハーヴェイ・ワインスタイン[1]のセクシュアル・ハラスメントが公になったことを契機に、女優のアレッサ・ミラノが 2017 年 10 月に #Me Too のタグを付けて性暴力に関する連帯を表明しようと呼びかけ、運動は大幅に加速した。しかし、#Me Too 運動は、もともとブルックリンを拠点に性被害者を支援するアクティヴィストで黒人女性の、タラナ・バークが始めたものである。バークの長年の活動にもかかわらずこの事実は比較的知られていない。以上のことは、良くも悪くも、のちほど説明する第三波以降のフェミニズムの特徴を示しているのだが、ともかく映画界が、フェミニズム運動に関して大きな影響力をもつという指摘は間違いではないだろう。

本章では、近年女性表象の変化が著しいハリウッド映画、それも女性ヒーローを対象とし、どの程度先進的といえるのかについて分析する。先進的な女性像を積極的に世に送り出してきた映画界の最新の女性表象は、多くの女性を力づけただろう。SNS での「口コミ」による映画の評判に誰でもアクセス可能になり、筆者もそれらの口コミに誘われて映画を鑑賞したあと、大いに興奮した経験がある。しかし、はたしてそれらの女性表象は何の矛盾も存在しないのだろうか。筆者は、最近のハリウッド映画における女性表象がポストフェミニズムといわれる状況とどのように関係を結んでいるのか、その一筋縄ではない状態を分析したい[2]。

�֍ 1 フェミニズム映画批評の歴史

非常に有名な論考「視覚的快楽と物語映画」（Mulvey 1975）で、ローラ・マルヴィは精神分析理論を用い、60 年代ハリウッド映画の女性表象について画期的な視座を提示した。マルヴィによれば、映画における女性は一方的に見られ、欲望の対象となっている。男性観客は男性登場人物に同一化し、その盗視症的欲望を充足させるのである。

1990 年代フェミニズム映画批評『男性・女性・チェーンソー』（Clover 1993）において、クローヴァーは、ホラー映画で犯人に立ち向かい、最後まで生き残る「ファイナル・ガール」はフェミニズムの成果か？と問うた。ホラー映画はその来歴からポルノとの強い関連性をもっていた。「ファイナル・ガール」は果敢にも殺人鬼と対峙し、知恵を絞って生き残る。クローヴァーはしかし、傷

文献・語句解説
← 関連情報

つき、叫び、怯える「ファイナル・ガール」は意図せず（異性愛）男性の欲望に奉仕してしまうと述べ、必ずしも先進的な女性像を提示しているわけではないと主張した。

1990年代以降、映画研究者だけでなく、カルチュラル・スタディーズ、ジェンダー研究者も映画における女性表象について分析し始めた。第三波フェミニズム★にとって、ポピュラーカルチャーは主戦場であったためである。本章も、これらのカルチュラル・スタディーズの映画批評に大きく影響を受けたものである。

❀2 ポストフェミニズム的状況と映画

ポストフェミニズムとは、ネオリベラリズム（新自由主義）という体制と結びついたフェミニズムのことである。新自由主義は、もともと理論的には「個々人の企業活動の自由とその能力とが無制約に発揮されることによって人類の富と福利が最も増大する、と主張する政治経済的実践の理論」（ハーヴェイ　2007：10）であった。しかしその実態を非常に手短に説明すれば、①労働市場の規制緩和と公的セクターによって統制されていたインフラの民営化、②福祉が「誰にでも享受できるもの」ではなくなり、自助努力と交換されるといった公共性の変容、③社会的連帯の放棄と自己責任論、④これらに伴う不安による、伝統主義への回帰が特徴であるとされる（菊地　2019）。このような体制は欧米では英国のサッチャー政権、米国のレーガン政権に代表されるように1980年代に始まったとされるが、日本の場合、その始まりは1985年であるといわれている。この年は男女雇用機会均等法、労働者派遣法、第三号被保険者制度導入などが行われた（竹信　2014）。日本の男女雇用機会均等法の成立はフェミニズムの大いなる成果のひとつであるが、実は第二波フェミニズムとネオリベラリズムの体制が結託し、女性たちをますます生きづらくしていることが指摘されている。たとえば、男女雇用機会均等法前後に企業が採用した「コース別雇用管理制度」は「総合職」と「一般職」をわけた雇用の形態であるが、総合職は給与や裁量が高い一方で転勤など女性には難しい条件を含めることで、実質上、性別による雇用の管理を行うものである。このコース別雇用管理制度導入企業

のうち118社に対する実態調査によれば，2014年度における女性の総合職採用者は22.2％，総合職全体における女性割合は9.1％といまだ低い水準にとどまっている（厚生労働省 2015）。筒井淳也は、「男性と女性がともに対等な立場で働ける環境を実現するためには，男女ともに総合職的な働き方を抑制する必要があるのに，均等法の趣旨は女性も総合職的な働き方に引き入れるようなものとなっている」と述べる（筒井 2015：111）。さらに筆者がつけ加えるならば、総合職に就けるごく一部の女性と一般職の女性のあいだで待遇や給与の格差が生じると考えられる。パートタイム労働やアルバイト等の非正規雇用に関していえば、『令和2年版厚生労働白書』によると、2019年の非正規雇用[3]労働者の割合は全体で38.3％であるが、女性56.0％、男性22.9％で女性の半数以上が非正規雇用労働者であることがわかる。女性の非正規雇用の割合は1989年と2019年を比べると、女性は36％から56％（20ポイント増）、男性は8.7％から22.9％（14.2ポイント増）と大幅に増加しており、女性の増加率のほうが高い。2018年度の女性の非正規雇用と正規雇用の賃金格差は231.9万円、男性の非正規雇用と正規雇用の賃金格差は323.9万円、と、ともに正規雇用同士の男女（173.9万円）、非正規雇用同士の男女（81.9万円）よりも大きくなっている（国税庁長官官房 企画課 2020）。男女間の格差も依然として存在するものの、女性のあいだでも「コース別雇用管理制度」による総合職／一般職という格差、この30年で急増した非正規雇用によっても賃金格差が出現してきていることが統計データより明らかである。

　河野真太郎は「第二波フェミニズムの政治目標から『集団的な社会変革』を取り除き、『個人の立身出世』を代入すれば、ポストフェミニズム的状況が出来上がる」（河野 2017）と簡潔に述べる。このポストフェミニズム的状況は、女性間格差を生み出してしまうのである。そして労働市場にはどんどん女性が投入されるが、競争できる女性はエリート層へ登用され、そうでない女性は規制緩和された労働市場においてますます苦しくなる。また民営化された福祉分野へは安価な労働力として女性が投入される。女性間格差は拡大するが、しかし社会意識としては効率・競争を優先させる価値観が高まるため、女性運動が成立しがたくなる（菊地 2019）。わたしたちはこのような状況下で孤立させられているのだ。

第1作が2001年に公開され、最新作が2016年公開と息の長い人気となった『ブリジット・ジョーンズの日記』シリーズは、ポストフェミニズム的状況をよく表している。ブリジット・ジョーンズはロンドンという大都市に住む自由で自立した独身女性だ。しかしいつも体重を気にし、ロマンティックな恋人を得られないことにコンプレックスを抱いている。彼女にとってフェミニズムとは時代遅れのゴーストのようなものだと、ポストフェミニズム的状況にいち早く着目していたカルチュラル・スタディーズの研究者アンジェラ・マクロビーは述べる（McRobbie 2009）。ブリジットは、フェミニズムは達成されていてもう必要ないと見なしており、どちらかというと自分の欲望を否定する邪魔者だと見なしているのである（McRobbie 2009）。

　一方で、第三波フェミニズムの美学を大いに盛り込んだポジティヴな例もある。2001年に公開された『キューティー・ブロンド』（原題 Legally Blonde）だ（Dole 2008）。主人公エルを演じたリーズ・ウィザースプーンを有名にしたこの作品は、恋人の言いなりだったブロンドの美女が、自分を捨てた恋人を追ってハーバード・ロースクールに入学しやがて自立していく物語だ。主人公は大好きなピンク色やかわいらしいファッションをあきらめずに、成功を手にする。そしてその姿は「金髪女性は頭が悪い」という偏見への対抗言説にもなっている。

　そして今や、フェミニズム的メッセージを織り込んだ映画は一種のブームを形作っているといえる。『マッドマックス　怒りのデス・ロード』（2015）（原題 Mad Max: Fury Road）は、女性たちを子どもを産ませる道具として見なす専制的な悪役イモータン・ジョーを登場させ、ジェンダー専門家の意見を取り入れながら制作された。マックスは、イモータン・ジョーを宿敵と見なすフュリオサと共同戦線を張り、ついには破滅に追い込むものの、両者に恋愛関係は生まれない。

　2019〜2020年には、クィア★的なメインの登場人物を登場させ小気味よいアクションシーンが際立つ『チャーリーズ・エンジェル』やウォール・ストリートの男性たちに搾取されていた存在であったセックスワーカーたちが、逆に彼らを手玉にとる過程での連帯を描いた『ハスラーズ』、ホラーであっても「ファイナル・ガール」（第1節参照：ホラー映画で最後まで生き残る若い女性）がと

くに男性観客に奉仕することのない『ミッド・サマー』など、女性表象はかなり進化をみせているといえよう。

── ＊話しあってみよう ──
・自分の好きな映画の女性表象がどのような点で先進的だと思うのか／思わないのかに関して話しあってみる。

❋ 3 ｜「美しく主体的な女性」と映画

　上記に述べてきた通り、近年の映画における女性表象の更新は目覚ましい。しかし、ネオリベラル体制下における個人主義と自己責任論のはびこる競争社会において新しいフェミニスト像も登場した。しかしそれは、「セレブリティ・フェミニズム★」（モラン 2018）や「ポピュラー・フェミニズム★」（Banet-Weiser 2018）といわれる現象で説明でき、あらたな問題系を提示している。第三波以降のフェミニズムでは、著名人や女優など、フェミニズムのアイコンとなる女性が数多く登場する。日本においても上野千鶴子や女性の職場でのヒール靴強制を問題視する #Ku Too 運動を牽引した石川優実があげられよう。

　基本的に視覚が重視され、興行収入を求めなければならない映画と、セレブリティ・フェミニズムは相性が良い。冒頭で #Me Too 運動の震源地のひとつが映画界であることを述べたが、#Me Too 運動が白人の女優であるアレッサ・ミラノによって広がったことこそが現在のフェミニズム運動の特徴を示している。セレブリティ・フェミニズムにはある程度以上美しく、感じの良い女性しか登場しない。ロザリンド・ギルが「身体的資本としての女性性」（Gill 2007）という概念で述べたように、今や女性たちは活発で、積極的に性的欲望を抱き、市場における選択を自由意志で行い、同時に自己の人格と身体に対する監視と規律を欠かさない。ギルはさらにこの状態を「客体化より高度な, より深い搾取の形式」（Gill 2007）であると述べる。ポストフェミニズム時代の新しい女性性は、ネオリベラルな倫理に沿うかぎりにおいて肯定されるとされる（河野 2020：154）。女性の「主体的」な身体への監視と規律は、田中東子が日本における「感じの良いフェミニスト」（田中 2020）と述べているものとも共振する。このような身体への統制は美しく魅力的なフェミニスト像を生産／再生産

するが、同時により深い身体への統制ともなっている。

　映画は視覚が重要視されるメディアである以上、ポストフェミニズム的な「魅力的な」女性像と相性が良い。もちろん、彼女らは主体的で活発で、自分の欲望に正直な先進的女性であろう。むろんその美しさは自分のためであると主張するだろう。しかし、たとえそのセクシーさや美しさは登場人物自身のためであると説明されたとしても、結果としてその美しさやセクシーさは観客に奉仕する形になってしまう。この「結果としての奉仕」についてはふたつの回路が考えられる。ひとつは、伝統的な異性愛的欲望を惹きつけるという点である。もうひとつはギルが述べたような新しい女性の主体性というかたちの、自らが自分の身体や内面を監視するより深い搾取の形式である。観客を「惹きつける」要素は映画の興行のために必要であるからこそ共犯関係を結んでしまうのである。たとえばリブート版／女性版『ゴーストバスターズ』(2016)のように、魅力的であっても美しく描かれない女性が登場する映画は興行的にふるわなかったことが、その証左であろう。

　美しく、強く、ファッショナブルで頭も良いという女性像は、女性たちをエンパワーするが、ネオリベラリズム体制下においてそうはなれない女性を取りこぼす危険性がある。

　この点において近年注目すべき点といえば2019 ～ 2020年になって「嘔吐する女性」が急に登場し始めたことだろうか。数えたところ少なくとも7つの映画において女性が嘔吐する場面が強調して描かれていた。とくに『スキャンダル』（原題　Bombshell）や『ハスラーズ』、『チャーリーズ・エンジェル』のような、女性表象が先進的であると思われる映画で目立ったのである。筆者が推測するに「嘔吐する女性」表象は、前述した女性の身体への統制に対する抵抗とも読むことができる。嘔吐は統制しようとする力への身体的反応ともいえ、美しさやスタイリッシュさを損なう効力があるからだ。

───　＊読んでみよう　───

・菊地夏野『日本のポストフェミニズム―「女子力」とネオリベラリズム』大月書店、2019年。：ポストフェミニズムをめぐる基礎知識がまとめられており、日本特有の状況も示している文献。海外の論考と比較しつつ読むとよいだろう。
・河野真太郎「解説　ロザリンド・ギル　ポスト・ポストフェミニズム？―ポストフェ

ミニズム時代におけるフェミニズムの新たな可視性」『早稲田文学』2020年春号、筑摩書房、2020年。：ポストフェミニズムの議論における重要な論者であるロザリンド・ギルの論考の翻訳。基礎文献のひとつなので、読んでおくとよいだろう。

・河野真太郎『闘う姫、働く少女』堀之内出版、2017年。：アニメや映画などのポピュラー・カルチャーのポストフェミニズムの視点からの分析が読める。宮崎駿やディズニーアニメなど、親しみのある作品の分析のため、わかりやすい。

 4 『ワンダーウーマン』(2017)と『キャプテン・マーベル』(2019)：2つのアメコミ原作女性ヒーロー映画の比較

（1）原作比較

　本節では、類似点の多い2つの大作ハリウッド映画を比較検討しながら、ハリウッド映画の女性像について分析したいと思う。対象映画は『ワンダーウーマン』と『キャプテン・マーベル』である。2017年と2019年に映画化され、それぞれ話題を呼びヒットしている。

　対象選定の理由は、双方ともアメリカを代表するコミック社の女性ヒーローであり、大作映画としてディズニー傘下のマーベル・スタジオや、ワーナーが綿密な戦略を練って世に送り出した映画であるからだ。このようなアメリカン・コミックス原作の映画は、『アベンジャーズ』や『アイアンマン』、『スパイダーマン』、『アクアマン』や『マン・オブ・スティール』[4]といった一連のシリーズ化を行い、作品を横断して世界観を共有する手法をとっている。いずれも興行収入の上ではトップレベルで、多くのファンを獲得していることがうかがえる。このように、興行収入と観客の多さの面から分析対象を選定した。

　しかしそもそもアメリカン・コミックスはマイノリティの運動と連動しながら形成されてきた。DCコミックスとマーベル・コミックスを代表する2人の女性ヒーローは、実に社会の潮流を反映しながら創作されてきたことがわかる。

　『ワンダーウーマン』の原作者ウィリアム・モールトン・マーストンは、心理学者で熱心なフェミニズムの支持者だった。1941年に生まれたワンダーウーマンは、「第一波フェミニズムと第二波フェミニズムとの間をつなぐミッシングリンク」（ルポール 2019）であったといわれる。つまり、当初よりフェミニズムのプロパガンダというミッションが『ワンダーウーマン』には多分に含まれ

ていた。

> 「マーストン博士は、幼い～若い人に向けて、強く自由で勇敢な女性の規範を示し、女性が男性よりももっと劣っているという通念に対抗するために、そして、少女たちに自信をつけさせ、体育や、男性に占有されている職業や専門分野での活躍を促すために、『ワンダーウーマン』を考え出した」（ルポール　2019：307）

　マーストンによれば、ワンダーウーマンは手首につけているブレスレットで銃弾を弾き返すことができるが、男性の手でブレスレットに鎖をつながれたら、途端に力を失ってしまう。これは男性の支配に服従する女性すべてに起こりうることを抽象化して表現したものである（前掲書：306）。また『ワンダーウーマン』には「歴史上のワンダーウーマン」という4ページ見開きの連載も附属していた。内容はフェミニストの伝記で、女性の科学者や政治家、社会事業家、医師、スポーツ選手たちが名を連ねていた。3号の時点で50万部以上もの売り上げがあったという（前掲書：309）。1950年代にはそのワンダーウーマンは勢いを失っていった。1947年にマーストンが死去した後、新しいライターはワンダーウーマンの精神を引き継がなかった（前掲書：394）。

　しかし再び女性運動が盛り上がりをみせる1970年代に、ワンダーウーマンは活躍を見せる。女性解放雑誌を意図して創刊された『ミズ』は1972年7月号の定期刊行化第1号の表紙にワンダーウーマンを選んでいる。編集者の子ども時代のフェミニズムを体現する1940年代のワンダーウーマンによって1910年代のフェミニズムと、1970年代のフェミニズムのあいだを橋渡しする意図もあったという（前掲書：393）。

　次に、1968年に生まれた『キャプテン・マーベル』について説明しよう。1968年のコミックス『キャプテン・マーベル』において、「キャプテン・マーベル」という人物は科学者として潜入しているクリー人のMar-Vellのことで、男性だった。今やキャプテン・マーベルとして知られるキャロル・ダンヴァースは、このマー・ベルの恋人役として初登場している。映画版『キャプテン・マーベル』では、マー・ベルはほぼ同設定ながら、キャロルのメンターで女性として描かれている。しかし、70年代フェミニズムの高まりとともに、キャラクターも改変される。キャロルは偶然の事故により、クリー人と人間の

ハイブリッドとなってしまいスーパーパワーを得る。1977 年、キャロル・ダンヴァースは『ミズ・マーベル』として単独でのコミックでのデヴューを飾った。未婚既婚を問わず使用する「ミズ　Ms.」という名称は、女性解放雑誌を意図して創刊された雑誌『ミズ』を意識している。そしてついに 2012 年、キャロル・ダンヴァースを主人公として『キャプテン・マーベル』が連載開始された。新コスチュームは以前のレオタードのようなものと違い機能的にみえる。キャロルの軍隊経験者というバックグラウンドを活かし、空軍のジャンプスーツに着想を得たという。このスーツはそのまま映画におけるスーツデザインに転用されている（Tan 2019）。

（2）映画『ワンダーウーマン』(2017)、『キャプテン・マーベル』(2019) 比較

　アメリカン・コミックスの実写化は第二次世界大戦前後の連続活劇を全盛期としてさかんであったが、その後 1978 年にクリストファー・リーヴ主演の映画『スーパーマン』が成功するまではほとんどなくなってしまう。史上初のアメコミ・ヒーローをモチーフとしたドラマは『スーパーマン』(1952 ～ 58) である。次に『バットマン』が 1966 ～ 68 年に放映されているが、両者は現在でも DC コミックスで有名なヒーローである（池田 2017：20-30）。

　初の『ワンダーウーマン』実写化は 70 年代、リンダ・カーター主演のドラマ『ワンダーウーマン』(1975 ～ 1979)（邦題『空飛ぶ鉄腕美女ワンダーウーマン』）だったが、「お色気」、「男子のおかず」としての主演女優のポスターに言及される等、次に言及する映画の雰囲気とは異なっていたようだ（池田 2017：24）。

　ここからは 2017 年と 2019 年に公開された映画の比較を行う。『ワンダーウーマン』(2017)、『キャプテン・マーベル』(2019) はどちらも強い「ヒーローとしての」女性像を描いており、ヒーローが活躍する映画の添え物たるヒロインではなく、最近の潮流に乗っているといえる。『ワンダーウーマン』は、アメリカン・コミックス原作の映画としてはじめて女性のパティ・ジェンキンスが監督し、初の単独女性ヒーローものとして大ヒットした。興行収入は 2021 年 3 月時点で 8.22 億ドルである[5]。

　『ワンダーウーマン』のあらすじは次のようなものだ。ワンダーウーマンであるダイアナは、女性だけで構成されるアマゾン族のプリンセスで戦士として

鍛えられ、アマゾン族でも最強の力をもつ。アマゾン族は俗世からは隠された
セミッシラ島にて暮らしていたが、第一次世界大戦下、連合国側のスパイであ
るスティーヴ・トレヴァーが近くで遭難したことによって、敵方に発見されて
しまう。ダイアナは結局トレヴァーとともにドイツに赴き、戦いの神アレスと
対峙することになる。

　コミックス『ワンダーウーマン』について綿密な資料とともに分析したル
ポールは、「ワンダーウーマンは超人的女性（スーパーウーマン）ではなく、典型的女性（エブリウーマン）となるべく
創造された」（ルポール　2019：307）と述べるが、主人公ダイアナはそもそも神
であり、プリンセスである。強さは彼女の血統が多分に影響していることは否
めず、『キャプテン・マーベル』との相違点となる。また、世間知らずの王女
が一般人の慣習を不思議がったり、戸惑ったりする場面は『ローマの休日』が
思い起こされ、トレヴァーとのキスシーンが挿入されもする。つまり異性愛的
恋愛と高貴な者の「一般社会」に対する戸惑いが描かれるのである。ダイアナ
は人間界の作法を知らないため、いわゆる天然ボケ的可愛さを醸し出してしま
う。さらに、ダイアナを演じたガル・ガドットはミス・イスラエル出身で元モ
デルの経歴をもつ。ダイアナはトレヴァーに「こんなに美しい女性を見たこと
がない」と言わしめている通り、際立って美しい女性として描かれる。さらに
戦闘シーンであるが、これも非常にスタイリッシュに描かれていることが特徴
的である。ダイアナはいくら力で押されてもみじめに傷つかず、腕を交差さ
せ、力を表出する場面はいかにも美しい。このような美しさは、前節で述べた
セレブリティ・フェミニズムやポストフェミニズム的状況において、問題含み
である。既存の価値観において美しい主人公は視覚メディアである映画におい
て興行収入に貢献するだろうが、これまでに述べたようにネオリベラル体制と
共犯関係を結んでしまい、美の多様性を否定してしまう。さらに、血筋による
強さや美しさといった「理由」の提示は特権的階級の温存にも加担してしまう。

　対して、『キャプテン・マーベル』はどうだろうか。『キャプテン・マーベ
ル』はある程度信頼性のあるIMDbによれば2021年3月現在で興業収入22位、
11.283億ドルの興行収入を叩き出している。あらすじは、ヒーローものによく
ある「どうしてこのヒーローが生まれたのか」というオリジン・ストーリーに
沿っている。クリー人の精鋭部隊に属するヴァース（＝キャロル・ダンヴァース）

は記憶を失っている。戦闘中に偶然地球に墜落したキャロルは、自分の過去の記憶の秘密が地球にあることを突き止め、自分が何者であるかを探しに旅立つというものだ。キャロルの過去を探求する上で、インベーダーだと考えられていたスクラル人が実はクリー人に故郷を破壊された難民であり、自分のメンターだと思っていた男性（ヨン・ロッグ）が自分の元上司を殺し、自分の能力を抑圧していたと知る。『ワンダーウーマン』と異なり、『キャプテン・マーベル』では恋愛的要素が登場しない。さらに、ブリー・ラーソン演じるキャロルは、魅力的であるもののいわゆる「美人」としては描かれない。さらに血統や能力についてであるが、主人公に特殊な能力が備わったのは偶然であり特殊な血統が示されるわけではない。ただし、主人公が幼い頃から「女だからできない」と言われたことに対して果敢に挑戦し、地面に叩きつけられながらも立ち上がるという表象が、幾度も象徴的に使用されている。とくに主要戦闘前の覚醒場面において、幼い頃からのキャロルが何度も立ち上がるシーンから、キャロルという人物がもつ性質自体がスーパーパワーの根拠となっていることがうかがえる。

　戦闘シーンについても興味深い。『ワンダーウーマン』の美しくスタイリッシュな戦闘と異なり、キャロルの戦闘はいかにも洗練されていない。子どものように力任せに攻撃し、また無様に叩きつけられる。主要戦闘シーンでかかる音楽はロックバンド、ノー・ダウト（No Doubt）の『Just a girl』である。「わたしはリトル・ガールだからちょっとしたこともできやしない、でもそんなのもう嫌だ逃げ出してやる」という主旨の歌詞であるが、成熟した美しい戦い方をしないということにおいて、第三波の精神を受け継いでいると見なすこともできるだろう。

　さらに、キャロルの元メンターであるヨン・ロッグはキャロルに「感情を抑えろ」と指導するが、これは「感情的だ」と口をふさがれる女性への「トーン・ポリシング」（tone policing）の典型例を示している。トーン・ポリシングとは、この言葉が広がる契機となった Everyday Feminism に掲載されたコミックによると（Hugs 2015）、議論の内容そのものよりも、その感情に焦点を当てた批判をすることである。たとえば、「あなたの言っていることは素晴らしいことだけど、そんなに怒ってるとみんなに聞いてもらえないよ」というよ

うな言葉で声をあげる者の口をふさぐやり方として機能する。最終場面で、キャロルのもつスーパーパワーを抑圧していたヨン・ロッグが「わたしに力を証明してみろ」と述べるのに対してキャロルが発した「I have nothing to prove to you（拙訳：あんたに証明することなんてない）」は今も一種のアンセムとして使用されている。

　以上、『ワンダーウーマン』と『キャプテン・マーベル』の比較検討をしてきた。『ワンダーウーマン』の既存の価値観における美しさや血統主義は、現在意識化されてきた多様な美のあり方よりは、既存の美しさを重要視しているようであり、特権的階級の温存にも寄与してしまう。しかし《キャプテン・マーベル》は、主人公キャロル・ダンヴァースの個人的特質が彼女の強さに寄与しており、異性愛的恋愛よりも女性同士の連帯を示しているように思える。

　ただし、両作ともに軍隊、ナショナリズムとの危うい関係があることも、指摘しておかなければならない。キャロルは過去に合衆国空軍に属しており、主人公女性ヒーローの衣装はともにアメリカの国旗の色である青と赤で構成される。

　さらに、ポストフェミニズムとの関係でも興味深いことがいえる。キャロル・ダンヴァースの「個人としての強さ」は、個人の能力に依存するネオリベラリズムとたやすく共犯関係を結んでしまう。とはいえ、男性であるニック・フューリーとの友情や、当初敵と見なされていたスクラル人や親友マリアとの共闘は、連帯を志向しており『キャプテン・マーベル』は非常に綿密に練られたエンパワメント映画となっている。

＊調べてみよう

・アメリカン・コミックス由来の、「冷蔵庫の女」という概念がある。現在のような女性ヒーローが活躍する時代以前には、アメリカン・コミックスの女性登場人物が無残に殺される描写が多くあった。そのうちの一人が切り刻まれて冷蔵庫に押し込められていたことから「冷蔵庫の女」と総称される。このように、登場人物でありながらもマジョリティの属性を持つ者（白人、男性など）よりも粗末な扱いを受ける登場人物の事例について、調べてみる。

① 「冷蔵庫の女」は、死ぬに値する理由が作品中に示されていたのかどうか調べ、考えてみる。

② ①で根拠が考えられない場合、社会におけるマイノリティがいかに大作の映画で活

❀　4　『ワンダーウーマン』(2017) と『キャプテン・マーベル』(2019)　　*13*

躍しないのか事例を調べてみる。

③ 近年は女性のみならず、人種やセクシュアリティの上でのマイノリティが重要な役割を果たす作品が増えている。そのような事例を調べてみる。

✿ 5 ┃ ま　と　め

　当初、本章のタイトルを「悪い女の子はどこにだって行ける」としようと考えていた。これは女優メイ・ウエストの発言「good girls go to heaven, bad girls go everywhere」のオマージュだ。「悪い女の子」とは当時の家父長制に従わない、したがって当時の社会的規範の言いなりにならない自立した女性を意味していただろう。しかし「良い女の子」にだって事情がある。その女性は「良い女の子」でいなければ、尊厳やひいては命を失ってしまうかもしれない。今いる場所で頑張って発言権を得てから変身を遂げるかもしれない。また今や女性の「自立」とポストフェミニズム的状況が深く関わりあっていることも指摘されている。2019 〜 2020 年初頭の映画を概観すれば、ネオリベラリズムに抵抗するような「新しい連帯の形」を模索できるような映画が出そろっている。『スキャンダル』は FOX TV という右派メディアのなかで起こった対価型セクシュアル・ハラスメント[6]に対して、キャリアと自由を天秤にかけつつ闘う女性の姿が描かれており、非常にリアリスティックであった。『ハーレイ・クインの華麗なる覚醒』では刑事から悪党、子ども、ギャングのお気に入り歌姫に至るまで、まるで共通点がない女性たちが一時的に連帯する様子が小気味よく描かれていた。ただし現在、「連帯」という言葉を何の躊躇もなく使う者はあまりいないだろう。連帯という状態を強要すればそこには排除が生まれてしまう。連帯したくない者もいるだろうし、連帯できない状況も生まれるだろう。しかし、竹村和子が述べるように、「個々の具体的な状況に置かれている女たちが、その文脈のなかで必然的に歩み寄るとき、その結びつきは──差異を横断することの困難さのためにつねに解体の危機にさらされながらも──生き延びる可能性を秘めた絆となるのではないか」（竹村 2012：95）。

　筆者は本章で『ワンダーウーマン』と『キャプテン・マーベル』という二大アメリカンコミックス由来の女性ヒーローを比較したが、この 2 人が一緒に

戦ったらおもしろいかもしれない、とも思うのである。

── ＊書いてみよう ──

・映画の女性登場人物（割り当てられた性別が女性の人物だけでなく、トランスジェンダー
　女性も含む）が、フェミニズムとして先進的だと思われる映画をあげ、どこがどのよう
　に先進的であるのか分析してみる。

① 映画における女性表象についての先行研究を参照し、自分が関心のある映画の女性
　の表象についてどこが先進的であるのか、考える。
② 原作がある場合、映画（やドラマ）に翻案されたときにジェンダーの視点から見て
　どのような違いがあるか、分析してみる。
③ 先進的であるとされる女性表象が、ポスト・フェミニズム的状況においてどのよう
　に受け取られる可能性があるのか、分析してみる。

（竹田　恵子）

【注】

(1) ワインスタインは、2020年2月24日、一連のセクシュアル・ハラスメントに関してニューヨー
　ク裁判所により有罪判決が下された。
(2) なお、本章では同じ題名のコミックス、ドラマ、映画が登場するが、コミックス、ドラマを
　『　』表記に、映画を《　》表記とする。また、タイトルの表記は日本語の公式ウェブサイトに準じ
　るものとする。さらに、英語の原題と日本語タイトルにかなり変化がある場合は原題を明記してい
　る。
(3) 「非正規雇用」の定義は政府の調査においてもあいまいであることが指摘されている。非正規雇用
　の形態としてパート、アルバイト、派遣労働などが挙げられる。
(4) 良く知られている「スーパーマン」のシリーズである。
(5) 映画の興行収入については、IMDb
　(https://www.imdb.com/?ref_=nv_home) を参考にした。
(6) 「対価型セクシュアルハラスメント」とは、何らかの見返り（たとえば仕事）にセクシュアルな要
　求に従うことを求められるハラスメントの形態であり、訴えが起こしにくいと考えられていた。

「楽しいことも、ジェンダーフリーに」。これはスマホアプリ「モンスターストライク」とアニメ「美少女戦士セーラームーン Crystal」のコラボCM「いいじゃん！全員戦士！」篇（2018年放映）のキャッチコピーである。タレントのりゅうちぇるが扮するセーラームーンを筆頭に、出演者がそれぞれ自分の好きなキャラクターに扮し次のような台詞を述べる。「セーラームーンは女のもの、モンストは男のもの」「そんなのもう古いでしょ」「変身願望に」「男も女もないよ」「自分が好きなら」「それでいい」。このメッセージはどこか「新しさ」を感じさせ、私たちに何か「変化」を期待させる。その一方で、依然として性別役割規範を強調する広告は多く、「女性たち」は若さや美しさを求められ、家庭ではエプロン姿で家事をしワンオペ育児に奮闘しているのも事実である。しかし、近年そうした性別役割規範を表現した広告に対して、ソーシャル・ネットワーキング・サービス（以下、SNS）の普及を背景に女性たちみずからが抵抗、批判の

（『ACC CM年鑑』全日本CM協議会、三彩社、p88）

声を上げ、時にそれは国境を越えて共有、拡散されるといった状況も起きている。とりわけ若い女性たちによるジェンダー表象への共感や抵抗のあり方には明らかに従来との変化がみられる。本章では、こうした広告メディアにおける多様な側面についてジェンダー表象の歴史的な変容を確認しながら、グローバル化やポストフェミニズム★といった文脈からも明らかにしていく。私たちが日常生活で何気なく目にしている広告をジェンダーの視点から多面的に考察してみよう。

1 | 広告メディアに潜むジェンダー表象と 新しいメディア・コミュニケーションの誕生

　本章では、まず第一に広告メディアにおいてジェンダーがどのように描かれてきたのかを通時的にふり返り、今日までどのような変容がみられるのか、あるいはみられないのかを考察する（第2節）。第二に、広告のジェンダー表象をめぐってSNSを通じて「炎上」が起きているが、それ以前はどのような議論が起きていたかを確認する（第2節）。第三に、化粧品広告における美の規範は

文献・語句解説
← 関連情報

どのように描かれ、グローバル化の文脈ではどのような変化がみられるのかを確認する（第3節）。最後に、一見ジェンダーに配慮しているようにみえる広告がポストフェミニズムという状況やネオリベラリズムとどのように関係しているかを考える。また、今日、SNSという新しいメディア・コミュニケーションの誕生によって女性たちはジェンダー規範に対する抵抗を言葉に表し、それは時に国境を越えて広がりをみせ連帯を作り出しているが、その意味や可能性を探っていく（第4節）。

　私たちの日常生活はさまざまなメディアと密接に関係している。新聞や雑誌、テレビ、ラジオ、そして、今日私たちにとってもっとも身近なメディアはインターネットではないだろうか。2000年代以降、YouTubeなどの動画共有サービスやSNSが発展したことによって、一方向的だったメディアとの関係が双方向的なコミュニケーションへと変容した。SNSという言論空間では個人の誰もが意見を発信し、それを共有、拡散できる。つまり、メディアの受動的な視聴者ではなく、積極的、主体的に自分の意見を発信するオーディエンス（受け手であると同時に発信者でもある）が存在するようになったといえるだろう。

　では、広告との向きあい方はどうだろうか。わたしたちは日々メディアを通じて膨大な数の広告に接触している。みなさんの通学路を考えてみても電車には中吊り広告、駅の構内や大学のキャンパスにも多くの広告が掲示されていることに気づくだろう。そして、以前はこうした広告を称揚したり異を唱えたのは主に一部の広告制作者や研究者たちだった。しかしながら、今日SNSという新しいメディア・コミュニケーションによってそれは誰にでもできるようになり、作り手とオーディエンスとのあいだにある解釈の齟齬が議論を生むこともある。その多くはフェミニズム的な広告批判として「炎上」している。たとえば、2016年12月に公開されたムーニーのCMにははじめての育児に奮闘するお母さんが描かれ、最後「その時間が、いつか宝物になる。」というメッセージとともに締めくくられる。ネットでは「感動的」「共感した」という声がある一方で、「ママ一人でがんばって、泣かないで、ではなくて泣いてもいいよと言ってほしかった」「育児に対してさらに不安になり泣きそうになった」など、この広告は育児経験者には辛い過去を思い出させ未経験者には不安を突きつけるものでもあった。とくに最後の「宝物になる」という一見感動的

なコピーに対しては「宝物になるか否かは自分で決めることではないか」という批判が寄せられた。制作者側にはそもそも「ワンオペ育児」を美化したり奨励する意図はなく、むしろ子育ての現実を描き出すことで女性を「応援」したいという思いがあったようだ。みなさんは、この作り手と受け手の解釈の齟齬(そご)をどのように考えるだろうか。なぜ「炎上」につながったのだろうか。次節でもふれるが、家事や育児となると、なぜ女性ばかりが応援されるのだろうか。この広告が子育ての現実を描きたかったのであれば、同時に家事や育児をする男性の現実やあるいは育児に参加したくてもできない男性の悩みなどをリアルに描き出せればよかったのかもしれない。

　ムーニーの広告が「炎上」したことがステレオタイプな性別役割規範への抵抗の表れだとすれば、女性の美しさ(容姿、年齢)への規範をめぐって議論が展開された広告もある。2016年10月に放映された資生堂の化粧品「インテグレート」の広告では、合言葉を「いい女になろう」として「女性と女子のあいだで揺れ動く3人が、それぞれの"大人のかわいさ"を見つけていく物語」を描いている。第一弾では、25歳の誕生日を迎えた主人公の女性に対して友人らが「今日からあんたは女の子じゃない」「もうチヤホヤされない」といった言葉をかける。第二弾では薄化粧でパンを食べながら仕事をしている主人公の女性が上司に「頑張っているけど、それが顔に出ているうちはプロではない」と非難される。前者に対してネットでは「女性の価値は若さとかわいさだけということなのか」など、後者に対しては「女性はいかなるときも綺麗でいなくてはならないのか」、「仕事の成果よりも容姿が重視されている」といった批判の声が上がった。これを受け資生堂はのちに広告を削除したが、またしても制作者側のコメントには「大人の女性になりたいと願う人たちを応援したかった」という趣旨が示されていた。一体、この悪気がない力のような「応援」とは何なのだろうか。みなさんなら広告にどのような「応援」を描き出すだろうか。

　SNSという新しいメディア・コミュニケーションの登場によって主体的なオーディエンスが存在するようになり、その言論空間は広がり、ある意味フェミニズムの議論の場と化したといえる。では、それ以前、女性たちは支配的なイメージがもたらす力や抑圧に対していかに交渉してきたのだろうか。広告におけるジェンダー表象の変容とともに通時的に確認していこう。

2 ジェンダー表象の変容とそれらをめぐる議論

広告のなかの女性がこれまでどのように描かれ、またそれらをめぐってどのような議論があったかをふり返ってみよう。主に時代背景と女性／ジェンダーとメディア研究における方法論の変化に沿ってそれぞれの特色をみていく。

（1）メディアにおける女性像、性別役割分業への批判の始まり

広告とジェンダーの問題を考える上で、その出発点は 1975 年のハウス食品「わたし作る人、ぼく食べる人」だろう。ここではラーメンを作る人が女性、食べる人が男性という性別役割分業が明白に表現された。これに抗議の声を上げたのが市民団体「国際婦人年をきっかけとして行動を起こす女たちの会」だった。1975 年は国際連合が国際婦人年（または国際女性年）と定めた年であり、女性の地位向上を目指す『世界行動計画』では「メディア内容において描き出された女性像について批判的論評を奨励すべき」と提示された。こうした背景のもとに先の団体は結成され、フェミニズムの立場から性別役割分業に基づく固定的な広告表現を問題視する動きが始まった。のちにこの流れは「女性とメディア」研究へと発展していく。

（2）「女性とメディア」研究の発展

1980 年代後半以降、フェミニストによる広告批判運動が隆盛し、女性とメディアという研究領域が発展していく。背景には主に当時の 2 つの変化がある。ひとつは広告におけるジェンダー表象の変化である。それまでの広告の女性はエプロン姿で家事・育児をし、男性は仕事をしている姿が描かれることが主だった。それが 1985 年の男女雇用機会均等法の成立、施行に伴い、メディアにおける性別役割の流動化や「女らしさ」、「男らしさ」が再編成され始める。たとえば、1990 年の全自動洗濯機「愛妻号」（松下電器、現 Panasonic）の広告には「（外で）働くお母さん」や「エプロン姿の男性たち」も登場する。こうした従来のステレオタイプとは異なる表現は商品や時代の新しさと結びつきながら人々に新鮮味を感じさせただろう。しかし、その内容をよくみてみると性別役割規範は根強いことがわかる。「（外で）働くお母さん」は家族のために笑顔で家事もこなし、それに対して男性（ナレーション）は「どんなにへとへとになっても家族の世話はきちんとやる、さぁもうひと踏ん張り」と「応援」し、

最後は「がんばれ！働くお母さん。」の文字で終わる（一方、お父さんは子どもと本を読むだけ）。「エプロン姿の男性たち」もたしかに新しいものではあった。しかし、それまでの「エプロン姿の女性たち」に比べると、ただ洗濯機の前に立っているだけで家事をしていないに等しい。それでも、こうした女性像、男性像の登場は表現の多様化を示すものとして当時は好意的に受け入れられただろう。それから、もうひとつここで注目したいのは、第1節で述べたワンオペ育児への「応援」メッセージはこの頃からすでにあり、その構図に大きな変化がみられないということである。今日の「炎上」は30年来の蓄積のもとにあるのである。

　次に、広告媒体の変化があげられる。80年代は「女性雑誌の時代」ともいわれ女性ファッション誌が多く刊行され、テレビ広告だけでなくファッション雑誌そのものやそこに掲載される広告にも女性らしさが表現された。女性ファッション誌など雑誌メディアの隆盛に伴い、広告の女性像を分析する研究ではグローバリゼーションの文脈でとらえた批判が重要な視点を提示した。当時、ファッション誌には多くの多国籍企業の広告も掲載され、そこには白人モデルを中心として外国人が多用された。この現象を「文化帝国主義」、「文化的画一化」として批判する議論が登場する。「文化帝国主義」、「文化的画一化」とは、支配的な文化（主にアメリカを中心とした欧米諸国）の価値観がある社会に強制力やある種の審美性、魅力をもちながら浸透、普及していく過程のことを指す。井上ほか (1989) は、とくに商品の価値尺度が資本の主導のもと、欧米諸国の文化を背景としてつくられていることを問題視した。ここでは、女性の身体の理想とされる形が女性たち自身がみずから望んで作り上げたものではなく、欧米の白人の顔立ちや体型をモデルとして化粧品産業によって提示されたものであり、欧米資本の化粧品を買うことによって白人風の「美しい」顔や身体が手に入れられると約束していることを指摘する (井上輝子ほか 1989：9)。化粧品広告を中心に、欧米中心の多国籍企業がグローバルな「文化的画一化」を浸透させていることが問題となったのである。

　80年代後半以降をふり返ってみると、この時期、男女雇用機会均等法の影響を受けながら企業はそれを反映し性役割の多様化を表現しようとした様相がうかがえる。しかしながら、均等法自体が建前の男女平等であり、実際には

「総合職」と「一般職」という「コース別人事採用制度」を採用し形を変えて男女差別を温存したように、広告表現においても依然として性別役割規範は存在していた。また、化粧品を中心にグローバル企業広告が増えることで、女性の美しさに対しても西洋美を中心とした規範化が表現された。こうした時代背景や広告表現、広告媒体の変化に伴いフェミニズムの視点による「女性とメディア」という研究領域は発展したといえる。

（3）「女性とメディア」研究から「ジェンダーとメディア」研究へ

　1995年頃からメディアに対するフェミニズム視点での研究は、「女性とメディア」研究から「ジェンダーとメディア」研究へとパラダイム転換を迎える。背景には、まずこの時期カルチュラル・スタディーズの考え方や分析方法を使う研究が定着していったことがあげられる。メディアの送り手が情報を発信する過程において働く力関係やオーディエンスの多様な読みや解釈に対する分析も重視されるようになった。もう1つは、ジュディス・バトラーをはじめとする構築主義フェミニズム★ないしジェンダー研究がさかんに紹介され、女性学が「ジェンダー」研究へとパラダイム転換しつつあったことである。（井上2009：16-18）。こうした背景のもと、これまでは既存の社会規範としての「女性性」「男性性」がメディアを通じてどのように表現されているかという単純化されたとらえ方だったものが、メディアの表現はなぜそのように表現され、いかにジェンダーを構築し、そしてそれはどのように読み取られるのか、といった制作や解釈の過程に分析の焦点が向けられるようになった。メディアにおけるジェンダー表象に対するとらえ方や分析視座の変化には、近年の広告媒体の多様化とSNSなどのあらたなメディア・コミュニケーションの誕生、それによる女性オーディエンスの言論空間の広がりを重視し始めたこともあげられるだろう。

　また表現の上でも、ただ男性を出せばいいといった表面上の男女平等から現実味をもった男性像も登場するようになる。たとえば、オロナイン（2018年、沐浴マトペ篇）では、父親と思しき男性がおどおどしながらも赤ちゃんをお風呂に入れ育児に取り組む様子が描かれたり、味の素Cook DoのCMでは男性が作り、かつての「わたし作る人、ぼく食べる人」が「ぼくも作る人」の構図になっている。ただ「炎上」広告にみられるように、ジェンダーに関する表現に

はまだまだ課題があるのも事実であり、ジェンダーだけでなくセクシュアリティの観点から広告の家族像は異性愛中心主義であることが指摘できる。たとえば、帰宅している場面、車に乗って家族で出かけたり家庭で食事をしている場面はどうだろう。そこには夫あるいは父親としての男性と妻あるいは母親としての女性、そして子どもたちが描かれることが多いのではないだろうか。現実にありうるさまざまな家族のあり方はそこから排除されている。

　この点について台湾の事例をみてみよう。台湾の金蘭醤油（KIMLAN）が2018年11月公開した広告は同年11月24日に行われる「同性婚の是非を問う国民投票」に向けたものだった。2人の母のいる家族を描き「それぞれの家庭にはそれぞれの味がある」というナレーションとともに性や家族の多様性を表現している。実際、2019年5月17日には台湾では正式に同性婚が認められ、これはアジア初の快挙となった。この広告について、ネットでは「素晴らしい、感動した」「ありのままを描くだけで多様な関係を示している」「今後は金蘭を買う」など老舗メーカーが新しい発想で婚姻の平等を表現したことへの支持が多く、消費者の購買欲を喚起する意味でも成功している[1]。日本ではたしかに漫画やドラマのなかではセクシュアリティを中心に扱う作品は増えてきた印象はある。では、広告ではどうだろう。多様な家族像という視点からどのような表現があるのか、どのような表現が可能なのか、一緒に考えてみよう[2]。

＊読んでみよう

・井上輝子・女性雑誌研究会『女性雑誌を解読する　COMPAREPOLITAN：日・米・メキシコ比較研究』垣内出版、1989年。：メディアと女性／ジェンダー研究およびグローバルなメディア文化による均質化を指摘した先駆的な書籍。日本、アメリカ、メキシコの女性雑誌を対象に膨大な数の記事や広告などを比較分析し、そこに描かれる女性像や性別役割規範について批判的に考察しながら、欧米（とりわけアメリカ）を基盤とする多国籍企業による文化帝国主義を批判した。

・田中東子『メディア文化とジェンダーの政治学―第三波フェミニズムの視点から』世界思想社、2012年。：先行研究の社会的影響や意義を評価しつつもその限界を指摘し、主にカルチュラル・スタディーズの視点からあらたな議論を展開している。表象分析だけでなく能動的で活動的な「オーディエンス」にも注目し、女性が言説的制約を受けつつもそれに抵抗し自主的にメディアメッセージを消費し生産していく過程を描き出している。

・治部れんげ『炎上しない企業情報発信』日本経済新聞出版社、2018年。：前半では

インターネット広告を中心に炎上する広告とその企業の構造的問題をジェンダーの視座で批判的に検証し、後半ではディズニープリンセス映画における女性像がいかにその時代と社会を反映しているかを考察している。最後に、プリンセス・マーケティングの戦略を参照しながら炎上しないよりよい発信とはどのようなものなのかを提言している。

 ## 3 化粧品広告における女性の美

前節では広告におけるジェンダー表象、主に性別役割規範をめぐる女性の描かれ方の変容とそれらに対する議論をふり返ってみたが、ここからは女性の美しさがどのように描かれているかを観察してみよう。先の資生堂インテグレートの広告では、女性の価値が若さや容姿と結びついて語られていたが、過去にはどのような描かれ方があったのかみてみよう。

（1）身体美の4要素

化粧品広告における女性の身体美についての表現をキャッチコピーから分析し類型化したものに谷本の研究がある（谷本 2008）。ここでは女性の身体美が①自然性をもつもの、②科学・医療・テクノロジー、③あこがれ、④身近さをもつものと結びついて表現されていると指摘している。①「自然性をもつもの」とは、女性の美を表すのに「自然を連想させるもの」（植物や動物、鉱物、食べ物、織物、水や光など）を利用する場合、人間そのものや化粧品を自然性をもつもので表す場合、また素肌や素顔など（自然ぽさを強調した）身体表現を利用する場合などを指す。②「科学や医療、テクノロジー」とは、これらが女性の美に貢献すること、身体美がテクノロジーによって媒介されるものとして表現されていることを指す。③「あこがれ」とは、身体美が「あこがれを煽る優位な他者」と結びついて「自分が容易には得られないもの」として表現されていることを指す。④「身近さ」とは、身体美が「私」や「自分」に近く平等なものとして視覚化され、自分でも獲得できる「身近さ」をもつものとして表現されていることを指す。「身近さ」の要素が強い場合は、「私」がすでにもっている魅力を「引き出す」「高める」ものと位置づけられる。そして、これらの要素は混ざりあいつつせめぎあい、時代による強弱はありながらも継続して提示されるものである（谷本 2008：110-151）。ここでは、この4つの要素のうち「あこ

がれ」をめぐる美の規範が化粧品広告でどのように描かれているのかを検討してみよう。以下にあげる広告[3]はその時代の代表性を示すわけではなく、この要素を考える上での具体的事例としてとらえたい。

1980年の資生堂ベネフィークグレイシィ「'80春のピーチパイ口紅」(冒頭の写真)の広告や1999年の資生堂オードブラン「美白の森」の広告は①と③の要素が混在しているといえる。前者は「春の唇がピーチになりました。クリーミィでソフトな感触。」というナレーションのもと唇がまるで果物のように表現され、後者では「植物エキスがしみていく、美白モノです」とあり背景には自然豊かな森が現れる。この点では両者ともに女性の美と自然性が結びつけられている。また、それぞれハーフ(ダブル)タレントや白人モデルを起用し、「私(日本人またはアジア人)」にとってあこがれの(美をもっている)存在として登場している。

1990年資生堂「ホワイテスエッセンス」の広告では、②と③の要素がとらえられる。「この一品の新発売は、8年前、メラニンをおさえる薬剤、アルブチンの研究から始まりました。これからは、アルブチン効果で、素肌 ホワイトニング」というナレーションにあるように科学の力が「美白」という女性美の獲得に貢献しており、それは白人モデルの顔面と等価に示される。

1984年資生堂「エリクシール」では、女優の倍賞美津子(当時38歳)が「いろんなことに負けたくないのね、いま、年齢に勝つのって、気分がいいのよね、勝っちゃおう」「みんなが、ミズニッポン、ね」(Ms.ニッポン)と言う。ここでは「あこがれ」としての女性の身体美と生き方の内面的な美しさが語られている。同時に「みんなが」というフレーズによって自分自身もそうした生き方に参加できうるという共感性も含意している。その意味ではこれらの広告は③と④の要素が混在しているといえる。

1997年の資生堂「プラウディア」では「これも私だけど、これも私」「あなたの中の、もう1人の美人」と謳う。登場するモデルはチャイナ・チャウ[4]や今井美樹といった「あこがれを煽る優位な他者」(③)でありながらも、自分自身がすでにもっている「美人」を引き出すように語りかける(④の要素)。先の広告同様、「あこがれ」の対象は「他者」でありながらそこには自分自身も含まれているのだ。

ではこうした「あこがれ」をめぐる語りはグローバル化の文脈のなかでどのように変化しているだろうか。

（2）「あこがれ」としての「東洋美」の表れ

今みてきた「あこがれ」の対象は、主に「私」（主に日本人またはアジア人）にとってのあこがれである欧米人やハーフ（ダブル）である。また、それが日本人やアジア人によって表現される場合には、容易には得がたい身体美や生き方を示しながらも「私」にとっては、完全に「他者」ではなく自分自身である可能性を含んでいる。これに加えて、近年の化粧品広告では「あこがれ」の対象として「日本人・アジア人としての美しさ」が語られ、西洋美に対抗する構造を描き出している。

たとえば、ヘアケア商品である資生堂「TSUBAKI」（2006 年「日本の女性は、美しい」、2013 年「日本の女性は、もっときれいになれる」篇など）、花王「Asience」（2005 年「世界に誇れる黒髪へ」など）の広告において、黒髪の美しさを「日本人女性の美しさ」や「東洋美」として表現しているが、これは「西洋美」にはない美のイメージを形成し「西洋」より優位であることを強調している。これらが誕生する背景には、グローバル経済下のアジアを対象としたメガブランド戦略がある。「TSUBAKI」は中国の富裕層をターゲットに「高級ヘアケア商品」として「日本の美しさは、世界の美しさへ」と謳っている[5]。「Asience」は商品開発より先に「憧れる女性像」を提案するための「アジアンビューティ（Asian beauty、東洋美）」という基本コンセプトとキャッチコピー「アジアンビューティ　世界が嫉妬する髪へ」が考案された。広告では主人公のアジア人女性がその美しさによって西洋人男性と結ばれ、さらにそれを西洋人の男女が拍手喝采で祝う光景が描かれている[6]。ここにある規範は、これまで西洋中心主義として批判された「西洋美」ではなく、それと対抗させつつ東アジアを舞台に展開される「日本女性の美しさ」であり「東洋美」の優位性である。支配的価値観を示しながらある種の審美性、魅力をもって浸透し、普及していく様相が看取でき、これは非西洋地域における「文化帝国主義」や「文化的画一化」という現象であると指摘できるかもしれない。

・この節で取り上げた広告において性別役割規範や女性の美をめぐる規範はどのように描かれているか、それぞれの特色を整理して話しあってみよう。
・広告をジェンダー（あるいはセクシュアリティ、家族の多様性など）の視点でみると、現在に至るまでどのような変容がみられるだろうか、あるいは変容がみられないのはどのような点だろうか。今後の課題も含めて話しあってみよう。

🌸 4 ｜ 規範への「抵抗」を表現する広告とSNSの可能性

　1970年代から近年までの広告をふり返ってみると、女性にはステレオタイプな役割や美しさが求められていることがわかった。しかしながら、今度はそうした規範への抵抗を表現した広告も存在する。ここではそれがどのように展開されているのか、またSNSとどのような相互作用を果たしているのかをみていこう。

（1）SK-Ⅱのキャンペーン広告「運命を、変えよう。#changedestiny」

　従来の議論によると、化粧品広告では主に若さや美白など女性に対する美しさの基準を提示し、性別役割規範を強調し、構築するものと見なされてきた。しかし、ここであげる事例からは、必ずしも広告は規範に従い強調するだけではなく、それに抵抗し受け手をエンパワメントする手段となりうるといえるだろう。

　2016年4月からSK-Ⅱ（P&Gプレステージ合同会社の高級スキンケアブランド）が中国において「剰女」をテーマにしたキャンペーン広告を展開した。「剰女」とは中国で「結婚適齢期」とされる20代後半を過ぎても未婚にある女性を指し、差別的なニュアンスをもつ言葉である。2007年以降、独身の女性に「剰女」というレッテルが貼られるようになった。こうした背景のもと、SK-Ⅱが行った『運命を、変えよう。』キャンペーンは、現代中国の女性が抱える「剰女」像の圧力に抵抗し働く女性の現状を描くことで大きな話題を呼んだ。広告には「剰女」と名指される中国人女性がみずから参加し、結婚観をめぐる両親との考えの違いや社会的規範に対する葛藤を語る。同時に、現地の婚活マーケットである公園を逆に利用して「剰女」と名指されるみずからの写真と「剰女であることが何か？　私にはキャリアがあり、独身であることに自由や幸せを感じている」といった抵抗のメッセージを掲げた。こうした自立した女性の

葛藤や強さ、生き方の美しさが共感を得、動画は 280 万回以上再生されている[7]。また「#changedestiny」のハッシュタグとともに SNS によって拡散され世界中に広がりをみせた。これは国境を越えた女性たちの連帯を生み、彼女たちをエンパワメントする効果を示したといえる。

（2）ポストフェミニズムにおける女性表象

このように、近年、広告にジェンダーの視点やフェミニズムの成果を取り入れようとする動きがある。この活動は欧米で「フェムバタイジング（femvertising）」（feminism と advertising をかけた造語）と呼ばれ、新しい女性の表象を提示する広告表現として肯定的に評価される一方で、女性表象の商業的利用という観点から批判もされている[8]。この点からいえば、所詮化粧品広告というものは理想的とされる女性の美しさを描いているし、化粧品自体が女性の美しさや若さを保つためのものとして存在しているかぎり、いくらそのなかで女性に求められる規範への抵抗を示しても、従来からある枠組みに回収されていってしまうのではないか、といった意見は議論になりうることだと思う。たしかに「商品化されたフェミニズム」「商品化された女性性[9]」という危機が到来しているのかもしれない。第3節で取り上げた資生堂の広告のように、そこに登場するモデルは皆「あこがれを煽る優位な他者」でありながらも、「みんなが、ミズニッポン、ね」「あなたの中の、もう1人の美人」というフレーズによって、あたかも自分自身も「いろんなことに負けずに勝ち」、自分のなかにすでにある「もう1人の美人（という能力）」を発揮できるのだと煽動する。冒頭であげた「楽しいことも、ジェンダーフリーに」では（「も」ということは、すでにそれ以外のことはジェンダーフリーであることを含意した上で）「変身願望に男も女もない、自分が好きならそれでいい」と投げかけ、男女差別は過去のもので性差に関係ない個人の自由な選択や多様性が大切だと思わされる。つまりフェミニズムが広告メディアの手段として使われているのである。そして、こうした言説はネオリベラリズム★の考え方と親和性をもちポストフェミニズム的な状況を表現しているといってもいいだろう。河野（2017）によれば、ポストフェミニズムとはネオリベラリズム下での女性とフェミニズムの状況を意味し、第二波フェミニズムを経て女性の教育の権利や働く権利などが実現された̇こ̇と̇に̇された状況であり、男女雇用機会均等法はそれ自体が個人としての女

性が能力主義的な競争をするための所与の「環境」と化した状況であると指摘する（河野 2017：24-26）。資生堂「インテグレート」や SK-II の広告に登場する女性たちは、（日本と中国では社会的背景は異なるが）「男女平等」をすでに獲得したとされる社会に生き、みずからの意思で働くことを選択したはずだ。しかし、「頑張っているけど、それが顔に出ているうちはプロではない」とその能力や努力を否定され、「剰女」と名指される。彼女たちは、結局は「女らしさ」の語りのなかへと引きずり落とされる。しかし、ここで重要なのは、こうした文脈にある葛藤や矛盾と向きあい闘うフェミニズムが存在していることだ。とくに、SK-II の広告はローカルな文化や社会と対話をし従来の規範への抵抗を表現しようとしたことに意味がある。SNS という言論空間を能動的に自己表現の手段として活用するあらたなオーディエンスが生まれ、彼女らによる連帯が創出されたことは大きな成果といえる。このことはポストフェミニズム状況における「第三波」フェミニズム★の様相としてもとらえられるのではないだろうか。

― ＊調べてみよう ―

・最近、日常生活や SNS 上で気になった広告、話題になった広告をあげてみよう。また、その広告はどのような点で問題なのか、興味深いのか、などジェンダーの視点で分析して説明してみよう。その際、次の点に注意しながら広告をよく観察してみよう。
①どのように表現されているのか：誰（性別、人種など）が、何をしているか（役割など）、ナレーションは誰か（男か女か）、などを考える。
②なぜそれはそのように表現されているのか：社会におけるジェンダー役割との関係を考える。
③SNS ではどのように広がりをみせているのか：ネット上の言論空間におけるオーディエンスをとらえる。

✿ 5 ｜ ま と め

　普段さりげなく眺めている広告をジェンダーの視点から見直してみると、どうだろう、まったく異なる光景が浮かび上がってきたのではないだろうか。今日のような SNS という言論空間が存在するより 40 年近くも前からジェンダー不平等な広告表現に対する議論は交わされ、その蓄積の上に近年のフェミニズ

ム的な広告批判としての「炎上」広告があるといえるだろう。フェミニズムという言葉を使わなくてもフェミニズム的に重要な見解や意見が集約されている。しかしながら、残念なのはこの現象は燃えては消えまた燃えて……とくり返しながら長期的、建設的な議論になかなかつながらないということだ。長期的な議論を続けていくひとつの方法として、SNS上で何が語られているのか、その内容を整理しこれまでの言説と接続させながら考察することが重要だろう。第4節で調べた内容についてより理論的に分析し、次のことに注意してレポートにしてみよう。私たち一人ひとりが感じる違和感や気づきを大切にしそれを言語化することによって、これからの広告のジェンダー表現はより豊かなものになっていくはずだ。

━ ＊書いてみよう ━

・先行研究を参照した上で、自分が関心をもった広告について、どんなことがいえるか（共通点や相違点の有無など）を考える。

・なぜその広告に関心をもったのか、何を問題視したのか、具体的に考えてみる。

・広告とジェンダーに関する先行研究を調べて、これまでどのような議論がされてきたかをまとめる。

（上村　陽子）

【注】

(1) 同時に、LGBTQの人たちが異性愛主義的な結婚制度や結婚文化へと包摂されるという問題もはらんでいる。

(2) Panasonicの雑誌広告「しない家事」（2020年）では、同性カップルやひとり親の家族などが登場する。こうした広告を参考に考えてみよう。

(3) 全日本CM協議会『ACC　CM年鑑』三彩社、1980年〜2018年に掲載。

(4) ハリウッド女優。

(5) 2011年には新キャラクターに日中間で有名なモデルや歌手、女優を起用し、キャッチコピー「日本の女性は、美しい。」を「You're Beautiful！」に変更したが、モデルの一人蛯原友里は記者会見で「日中の懸け橋となって、中国に日本の美しさを伝えていきたい」と述べている。

(6) 広告では日本人女優だけでなく韓国人のチョン・ジヒョン（全智賢）や中国人のチャン・ツィイー（章子怡）も起用している。

(7) YouTube「SK-Ⅱ」チャンネル「Marriage Market Takeover」（2020年5月確認）

(8) 田中東子「第三波フェミニズム、スポーツと女性、身体表象」、田中東子・山本敦久・安藤丈将

『出来事から学ぶカルチュラル・スタディーズ』ナカニシヤ出版、2017、p.143。

(9) 同上。これはアンジェラ・マクロビーによる指摘であり、コマーシャリズムは「若い女性」というカテゴリーを編成する際に疑似フェミニスト的なボキャブラリーを積極的に利用していることなどを批判的に考察している。詳しくは注（8）を参照。

Girls' Media Studies 3

ジェンダーの視点から ポピュラー音楽を読み解く

欧米の音楽産業界では、近年ジェンダーイシューが注目されつつある。2016年エレクトロ界の代表ともいえるアイスランド出身の女性アーティスト、ビョークがSNS上で音楽産業界における男性優位主義を糾弾する声明を出し、話題を呼んだことは記憶に新しい。フランスにおいても、2018年1月、音楽を含む文化産業におけるジェンダー平等に関する報告が発表され、ほどなくしてアーティストを含めた女性たちが性差別に反対する声明を発表した。

一方で、日本においてはこういった声が女性ミュージシャンや音楽産業界で働く女性たちからほとんど聞こえてこない。さらには、日本国外からは「男性の欲望に基づいた表象」であると評される(1)女性アイドルが日本の音楽産業の大きな支えとなっている。しかしながらこの状況は、女性ミュージシャンやアイドル、音楽産業界にいる女性たちの意識の問題、つまりこれらの当事者の意識が低いと結論づけてしまうことだけではない複雑な要素が絡みあっている。

この章では、女性ミュージシャンたちの表象とその立ち位置を、音楽論のジェンダー批判的アプローチに基づき、アメリカや日本の事例をあげながら考えていこう。

1　音楽産業界における女性たち：日本とアメリカ

（1）アメリカ音楽産業界における女性たち

音楽産業界において女性はどういった位置づけを担ってきたのだろう。ひとえに音楽産業界といっても、国や地域、業種によってその状況はさまざまであるため、ここでそのすべてを網羅することは不可能だ。そこで、いまだポピュラー音楽界で支配的な位置を占めるアメリカの場合と、日本の状況を、かなり短くではあるが確認しつつ比較してみたい。1970年代アメリカでは第二波フェミニズム運動が存在感を増し、音楽産業界では、同性愛者である女性ミュージシャンたちによる「ウーマンズ・ミュージック」ムーブメントが台頭した。ホリー・ニアーやスイート・ハニー（ベレニス・ジョンソン・リーゴン率いるアカペラパフォーマンスグループ）などのレズビアンやバイセクシュアルの女性アーティストたちを中心に起こったこの女性のためだけのムーブメントは一時、メイン

文献・語句解説
関連情報 →

ストリームに影響を及ぼしたが、しだいに下火になっていく。しかし、同時に
フォークやパンクシーンでも、女性の社会的立場を批判的にうたう女性ミュー
ジシャンが台頭する。この流れのなか、1980年代にはマドンナが登場し、音
楽産業界に多大な影響をもたらした。プロデビューからわずか2年、6枚目の
シングル「ライク・ア・ヴァージン」(1984)ではじめて全米ビルボード1位と
なり、揺るぎない地位を築いたマドンナだが、その表現方法は直球ではなかっ
た。マドンナ自身があえて歌詞の真意を語ることはほとんどなかった。代わり
に彼女は、「マテリアル・ガール」のなかで物質社会を謳歌する女性を演じ、
「パパ・ドント・プリーチ」では家父長的価値観に苛まれる女性の声を代弁した。
そうすることで、ジェンダー表象に対して疑問を投げかけた。マドンナの提示
したジェンダーバイアスの強い少女像に対する批判的な表現は、1990年代西
欧の（主にロック界の）女性ミュージシャンの表現方法のプロトタイプとなる。

　一方で、Bikini Kill や Bratmobile といった若年女性パンクグループが中心
となった女の子たちが「男たちがやっているラウド・ミュージック、モッシュ
や音楽制作、レーベル回りや音源配布、そして社会運動は、女の子であっても
できるはずだ」(Labry 2010) という主張を掲げ Riot Grrrl★を展開していく。
Riot Grrrl は白人の中産階級の若年女性を中心として発展したが、有色人種の
女性ミュージシャンたちもまた同時期に音楽のなかで主流の従属的な女性像に
対抗する。彼女たちはアメリカにおける黒人女性の置かれている複雑な社会的
立場をラップで表現し、同時に黒人女性のセクシュアリティを肯定的に表現す
る（Rose 1994)。

　こうしたアメリカの女性ミュージシャンによる女性表象をめぐる挑戦は、後
述するように現代においてさまざまなジャンルの女性アーティストの表現に影
響を与えている。アメリカ音楽産業界はこの挑戦を「ガール・パワー★」や
「アングリー・ウーマン★」と商品化して市場に取り込んでいくのだが、2010
年代あたりからは、後述するようにこれを逆手にとって主張を始める女性アー
ティストたちが登場することになる。

（2）日本の音楽産業界における女性たち

　次に日本の大衆音楽界に目を向けてみよう。日本では「少女」の像がかなり
前から重要な存在であった。商業音楽において少女の身体表象をめぐる言説が

注目される契機となったのは、20世紀初頭に少女歌手というカテゴリが登場してからだ。少女としての「純粋さ」を前面に出した少女歌手は、たとえば、川田正子のように当時爆発的な人気を得、現代の若年女性アイドルの前衛的な存在となった（井手口 2016）。

そして1970年代後半になると、女性ミュージシャンの社会的地位は大きく変化する。日本は高度経済成長期のただ中にあり、音楽業界もまた、技術の発展とともに市場を拡大していた。単純に因果関係を確定することはできないが、1960年代から1970年代前半のフォークブームや、日常における女性の身体・行動を拘束する社会規範、性差による支配構造に疑問を呈したウーマン・リブの影響もあり、それまで男性が担っていた作詞・作曲をみずから行い、うたう「自作自演」という表現方法を用いる女性歌手が数多く登場する（北川 2010）。女性みずからが女性の像を描くということは、歌におけるジェンダー表象の観点からみれば大きな変化であった。また、フェミニストたちによって構成されたネオパンクバンド水玉消防団や難波のジャニス・ジョプリンと呼ばれた小林万里子、フェミニストを謳ってはいないが月経を題材にした歌を披露した戸川純など、女性の立場を題材にした、あるいは女性としての立ち位置を意識したミュージシャンたちもわずかながら存在した。だが一方で、商業的な音楽形態もまた勢いよく発展し、「アイドル」と呼ばれる歌手たちが登場し、女性の身体をめぐる社会規範に真っ向から挑むシンガーは周縁に追いやられていく。

特記すべきは、欧米では女性の社会的立場やジェンダーの問題をうたった女性ミュージシャンが、その評価の良し悪しにかかわらず音楽市場における存在感を増していったのに対し、日本ではその影を薄くしていった点である。

（3）2010年以降の女性ミュージシャン

さて、現代、とくに2010年代以降、日本や欧米の音楽産業界における女性表象や女性ミュージシャンの立ち位置はどうなっているのだろうか。ブラウンとイーデルが指摘しているように、ケイティ・ペリーやテイラー・スウィフトなど、フェミニズム的視座をもった女性ミュージシャンたちが現代の欧米ポピュラー音楽ヒットチャートで上位を占めている。もちろん、彼女たちはその表現のなかにフェミニズムとみてとれる表現を用いているが、全員がみずから

をフェミニストであると称しているわけではない。それでも彼女らのような
ミュージシャンがアメリカのポピュラーカルチャーに多大な影響を与えつつあ
る（M. Brown and Edell 2016）。

　ビヨンセは、女性の社会的立場をわかりやすい形で積極的に訴えている
ミュージシャンの1人だろう。女性3人のグループDestiny's Childから独立
した後、そのカリスマ性をもってポップ界の女王となったビヨンセは、その音
楽表現、ビジュアルの創造性に加え、従来の女性に課される美の規範や社会規
範（たとえば「母」という像）をも利用しつつ、近年さらにフェミニストとしての
主張を強めている。そういった表現においてみずからが統制できる力（つま
り、音楽産業界や社会の偏狭的な女性表象を跳ね除けるだけの力）をもっている（ように
みえる）ことから、ビヨンセは、他の女性アーティストたちと一線を画してお
り、それが女性ファンを惹きつける要因のひとつとなっている（ibid.）。単に支
配的な装置に対し十分に対抗しうる技量や経済力があるというだけではなく、
ビヨンセはその支配的な装置に対して「闘う姿勢」を「提示している」という
意味で重要な存在だ。

　ビヨンセとはまた違った角度で私たちにジェンダーの問題を訴えかけている
のがレディ・ガガだ。2000年代後半に登場し、その奇抜な服装と挑発的なPV
の演出（と同時にその見事な歌唱・表現力）で一躍有名になった彼女は、みずからバ
イセクシュアルであると公言し、男装した虚構の人物（ガガはこの人物を自身の
「分身」としている）を作り上げ、ジェンダーとセクシュアリティの規範を揺る
がすような緊張を、風刺的なエンターテインメント性たっぷりに表現している。

　みずからをガガ（いかれている）とし、自分のファンたちをリトル・モンス
ター（ここでは、何かを脅かすものという意味だろう）と称する彼女の表現は、視聴
者をしばしば狼狽させながらも受け手がそれを対抗的に読み取れるような余白
（あるいは遊び）を残している（Lieb 2018）。ガガの表現は、みずからの表現に
よって視聴者が規範的な枠組みや認識に抗い、その規範と交渉していく「反
乱」を想定しているともとらえられる。

　ビヨンセもガガも、表現方法は異なるが、「ガール・パワー」が商品化され
るアメリカ産業界のなかで、対抗的にジェンダーやセクシュアリティの問題を
問いかけるという表象や立ち位置は同じだ。この2人のアーティストをさらに

比較してみるのもおもしろいかもしれない。

　日本でも現在、あらたな流れが起こりつつあるようにみえる。アイドル、とくに地下アイドルまたはライブアイドルたちの人気の勢いはいまだ止まらないが、ファン層は80年代のように日本人男性層のみにとどまらず、女性層にも広まってきている。ももいろクローバーZやでんぱ組 .inc のように、アイドル自身が、聴衆（あるいは男性）の求める女性像への達成というよりも、みずからの求める女性像を追求しているとされるケースも少なからず存在している（香月 2014）。彼女たちは、後述の「かわいい」というようなジェンダー規範を社会で女性が生き残るための武器としながら、みずからの身体として積極的に肯定し、主体的に操作しているようにもみえる[2]。さらに近年では伝統的なジェンダー規範にとどまらない表現形態のアイドルやミュージシャンの台頭がある。メタルに乗せて激しいダンスを披露する Baby Metal や、過激な曲調や振り付けも辞さない BiSH などの新しい形態のアイドルたちは、海外においても人気を獲得しつつある。後述するが、「ネオかわいい」と自称する、従来のジェンダー規範を逆手にとった表現形態の CHAI なども台頭している。主張のはっきりした、いわば「強い」女性像が着実にその位置を確固たるものにしている西欧に対し、日本はジェンダー偏向的な規範を覆すとまではいかないが、オルタナティブな形を提示しながら変遷を遂げているようにもみえる。この点については第3節で分析していくが、その前にまず、ジェンダー批評の視座からみた音楽研究にどのようなものがあるのか確認しておく。

＊話しあってみよう

・この節で取り上げたアーティストたちは、あなたのまわりではどんな風に取り上げられているか、どんなイメージがあるか話しあってみよう。

・どうして日本にはビヨンセやレディ・ガガのようにジェンダー不平等にはっきりと抗するミュージシャンが少ないのだろうか。話しあってみよう。

・日本とアメリカ以外の国（たとえば韓国）の女性ミュージシャンはどのように描かれているだろうか。話しあってみよう。

---

2 ｜ 音楽とジェンダー批評に関する学術的アプローチ

音楽研究におけるジェンダーおよびフェミニズム批評は80年代に台頭し、

90 年代に盛り上がりをみせた。この背景には同時代におけるポスト構造主義★研究からのジェンダー研究の発展があるが、そのアプローチの方法は多様かつ重層的である。端的にまとめると、主に３つの視座があげられる。すなわち、表象文化論的アプローチ（ジェンダー化された性がどのように音楽表現として表されているか）、文化産業論的アプローチ（音楽産業界においてジェンダー規範がどのように回収され、再生産されているか）、そして音楽史・音楽社会学的アプローチ（音楽・美術史における女性作曲家の位置づけ、またはジェンダー的視座からの楽曲・パフォーマンス分析）である。この節では、この３つのアプローチに、音楽表現の受け止め方、つまり聴くことにおける能動性という視点を加えて紹介したい。

（1）表象文化的アプローチ

音楽表現におけるジェンダー批評とは、ある楽曲やその表現形態において表象され再生産されるジェンダー規範をあばき出し、分析していくというものである。スーザン・マクレアリ（McClary と女性と音楽研究フォーラム 1997）はその著書、『フェミニン・エンディング』のなかで、一見中立的にみえる作曲技法が、いかにジェンダー規範という政治性に基づいているかを丁寧に、しかし大胆に分析している。

ポピュラー音楽研究においても、ジェンダー表象についてはさまざまな議論がなされてきた。フリスとマクロビー（Frith and McRobbie 1978）は男権主義的な表象がポピュラー音楽界を支配しており、そこにおいては女性の創造性は限られたものとしてとらえられ、男性が女性の能力をどうみるかに基づいてのみ解釈されていると早くから指摘していた。以降、この批判的視点は対象となる音楽ジャンルを広げ、最近では、たとえばある音楽スタイルにおける演奏スタイルや容姿の規範、歌詞の表現などのジェンダーバイアスを指摘する（ストロー；ホワイトリーet al.；コスコフ；井上等）ものや、音楽業界や音楽メディアにおける女性アーティストの表象を分析したもの（シュミッツ；ニーガスなど）など、すでに数多くの研究がなされている。日本のポピュラー音楽研究に関していえば、アイドルの表象研究は数多くあるが、ジェンダー批評的なアプローチはいまだ少ない。パトリック・ガルブレイス（Galbraith 2012）は、女性アイドルの表象は男性聴衆の欲望をのぞき見のようなかたちで具象化した形での消費財となっており、その消費財的価値は、ファングッズ、握手会など、音楽とは

かかわりのない、派生的な別の消費財によって、アイドルたちとの距離をあた
かも縮めるかのような錯覚をもたらしながら助長されていく、としている。こ
の窃視という発想は少女の純真さや処女性に対する倒錯した幻想に基づいてい
るが、この指摘はアイドル歌手以外に関しても適用できる。たとえば、映画に
おける男性優位主義的な女性表象を指摘したローラ・マルヴィ（Mulvey 1975）
や、PV における女性の窃視的要素を指摘したアンドリュー・グッドウィン
（Goodwin 1992）などの研究も参考にできる。

　女性歌手に求められている表象は純真さや親しみやすさだけではない。たと
えば、戦後すぐ、少女歌手・子役として一世を風靡した美空ひばりをみてみよ
う。2019 年の紅白歌合戦で AI として復活した美空は今でこそ演歌歌手として
知られているが、デビュー当時は、当時アメリカから流入していた音楽や、日
本歌謡の要素も含めた流行歌と呼ばれた表現方法で、敗戦し絶望感の真っただ
中にいた日本社会を活気づけた。この、救済する少女、という社会的位置づけ
は注目に値する。すでに数々の研究者が指摘しているように、日本のポピュ
ラーカルチャーにおける支配的な女性表象のひとつとして「戦う少女」があげ
られる。藤森（1999）は、「戦う少女」は未熟性、純粋性を象徴する「少女」
に、護る者として自然化された「母性」の表象を包含した女性表象であるとす
る。戦後日本の大衆社会は、美空ひばりに救済される（吉田 2017）ことで活気
を取り戻した。初期の美空ひばりは、その大人びた声から、ブギウギなど女性
のセクシュアリティが前に出た歌を歌っていたが、その後に、より社会一般に
広めるという音楽産業界の思惑によって、敗戦に負けずに（国民のために貧困と）
闘う純粋な少女、というイメージが意図的にあてがわれた歌手であった。社会
救済のためという大義名分のもと、女性のセクシュアリティが排除され、処女
性と母性が賛美されるという点において、美空ひばりのこの「救済する少女」
という表象は、藤森の指摘する「戦う少女」像を内包している。この観点は、
今後のアイドルや女性歌手の社会的位置づけを考える上で重要だろう。

　もうひとつ重要な表象は、「操作可能な身体性」だ。前述の通り、みずから
の身体を、メディアや社会の要望に適応させることでそのイメージを確固たる
ものとした女性歌手もいる。女性が身体を改造し、規範とする女性像を作り上
げるという問題は、ジェンダー表象研究において常に批判的に議論されてきた

(Bordo 1991；Balsamo 1995 など)。ブラック（Black 2012）は、現代のゲームなどの仮想現実の世界では「ロボット」と「少女」という表象が常に共存した「仮想の女性らしさ」が造り上げられ、女性表象がゲームの世界で消費者の意のままにできる身体として浸透していると指摘しており、これは初音ミクなどのボーカロイドの少女キャラクターにも有効な分析だろう。

　このような「純真さ」「戦う少女」「操作可能な身体性」という、女性身体の物化されたような表象が、現代日本において広く受け入れられてきたのは、なぜだろうか。女性歌手たちはそのような表象を積極的に享受し、奨励しているのだろうか。

（2）文化産業論的アプローチ

　ガルブレイスやブラックのアイドル表象研究やゲームにおける少女の表象研究、またボルドーやバルサモの身体研究などの研究対象は、すべて市場システムのなかでの消費財である。現代ポピュラー音楽もまた資本主義と相関し補完しあう関係にあり、その意味において音楽産業システム（たとえば音楽製作に携わるレコード会社やレーベルなど、音楽出版社、アーティストの活動を受けもつ事務所など）の構造のなかでとらえられる。ガルブレイスは、アイドルとは「音楽産業システムの作品総体」であり、またその存在は日常のさまざまな場面に分散するジェンダー規範を構築する考え方を関連づける「テクスト」である、と分析する。

　ガルブレイスの文学的アプローチによる研究に対し、エスノグラフィックなものもある。レオナード（Leonard 2007）は、インディーズ・シーンの音楽に携わる職業に従事する女性たちとのインタビュー分析を通し、インディーズ・ロック界における男性支配的な構造を発見した。音楽産業における男性優位主義は、その業界に従事する女性職員の数や労働状況のみにみられるものではない。業界でイニシアティブをとる男性同士の会話や雑誌で使用される言説は、芸術的評価の規範となり、音楽市場を支配してきた。ロック界の規範とその歴史において、中心には常に男性性があり、女性は常に「周縁」に追いやられた「他者」であったとレオナードは指摘する。

　これらの研究は、音楽産業においてジェンダーバイアスのかかった言説が、それに関連づけられた上述のような表象記号によって際限なく再生産されていくしくみを音楽産業システムの構造から紐解いている。

（3）音楽史・音楽社会学的アプローチ

ガルブレイスやレオナードなどのジェンダー批判的アプローチは、音楽産業システムが女性の身体を物化し、ジェンダー規範に基づく身体を再生産していく構造を明らかにするという点で重要である。日本においてはこの点を重視した音楽産業研究はごくわずかだといっていい。しかし、それでははたして表象される身体はそういった物化・ジェンダー化の無力な犠牲者なのだろうかという疑問が出てくるだろう。

もちろんそんなはずはなく、女性は表象される対象としてのみではなく主体的に表現活動を行ってきたことは前述の通りである。そしてこの点を再考する試みは、かなり以前からなされていた。クラシック音楽研究においてそれは、まず、豊かな才能がありながら男性の支配する音楽史のなかで軽視し忘れ去られた女性作曲家たちを「再発見」することであった（Citron 1990、Escal 1999、小林 1999）。

さらに、女性アーティストを歴史から再発見するだけではなく、女性アーティストの表現方法そのものをジェンダー的視点から再考するアプローチがある。ポピュラー音楽研究においては、マドンナやレディ・ガガなどの表現方法を分析したものは多いが、ほかにもたとえばバーンズとラフランス（Burns and Lafrance 2002）は、PJ ハーヴェイ、コートニー・ラブなどの楽曲を取り上げ、歌詞や曲の構造を丁寧に分析しつつ、彼女たちの表現のなかにジェンダー規範への軋轢（あつれき）やそれに抗う主体的な態度を見出す。前述のレオナードやリエブ（Lieb 2016）もまた、女性アーティストたちが男性優位主義的な言説を容認するようにみえつつも、ライブやプロモーションビデオなどの映像表象を通して支配的な言説と「交渉」を試みている実態に注目している。

（4）聴くことにおける能動性

芸術音楽作品の「純粋に音楽的な」（つまり音やリズムなど形式的な）要素と、ジェンダー概念という政治性のある要素を交えて音楽表現を評価するのはよろしくないという見解がある。この問題は、歌の、つまり政治的な言葉のない音楽を批評する時によくあげられるが、歌詞がより抽象的で普遍的なものへの批評にもみられる。

だが宮本（1998）の鋭い指摘のように、こういった見解は作品を聴く側が

「自己判断力を持たない素朴な愛好家」であることを示しているにすぎない。ある作品が絶対の美的価値をもっていると考え、その価値観に依存することは、音楽を聴く側の主体性を「喪失」させることになると宮本は指摘する。この意味で、ジェンダー的視座を音楽聴取のなかに見出す行為は蛇足であるという主張は、「意識的にせよ、無意識的にせよ、見えない権力の行使に加担している権威主義者であることを自白しているに他ならない」ものである。作品の価値は、結局のところ聴く者の芸術体験における主体性によって決定づけられ、そのため流動的なのだ。そして、ジェンダー概念を音楽作品のなかに見出す場合、みずからがその概念を意識するかどうかが問題であると宮本は主張する。作者の意図を意識するかどうかにかかわらず、ジェンダー批評的観点を用いてある作品を読み込むことは、その行為を通して、聴く側である自分自身のジェンダー規範に対する立ち位置を確認することになるのだ。宮本の批評はクラシック音楽に特化しているが、これはジャンルを問わずすべての音楽表現にあてはまる。

　とはいえ、楽曲のみでなくアーティスト自身も含めた研究をする場合は、過剰解釈を避けるためにも聴く側としての意識は相対的でなければならない時もある。たとえば前述のマドンナやビヨンセのようにジェンダー批判的主張のあることが比較的明確なアーティストを研究する場合も、彼（女）らを取り巻く（産業システム構造も含めた）社会・経済的背景を考慮したり、時には異なる環境にいるが類似するアーティストと比較したりする必要がある。

―― ＊読んでみよう ――

・池田忍、小林緑『視覚表象と音楽』明石書店、2010 年。：さまざまな表現領域（クラシック／ポピュラー音楽、演劇、絵画、彫刻など）において、女性の表現者がどのような立場に置かれてきたか、また、女性がどのように表象されてきたかという、女性と芸術と身体的経験をめぐる歴史をジェンダーの視点から問い直す一冊。

・稲増龍夫　『アイドル工学』筑摩書房、1989 年。：1980 年代のアイドル文化とその産業システムを分析した貴重な学術書。アイドルという存在を「虚構としての物語」として読み解き、日本の若者文化としての特殊性を明らかにしている。元アイドルとのインタビューなどもあり、アイドルについて研究したい者は必読。

・北川純子『鳴り響く性』勁草書房、1999 年。：ジェンダーとフェミニズムの視点を軸に、表象論やエスノグラフィー、産業論などさまざまな角度から日本のポピュラー音楽を取り扱った、現在のところ日本で唯一のジェンダー批評的音楽論の入門書。

3 ┃ 現代の日本のアーティストの事例から考えてみよう

　以上の点をふまえ、次は2010年代から話題になっている日本のアーティスト、あっこゴリラとCHAIの事例を用いて具体的に考えてみよう。あっこゴリラは2016年からラッパーとして活動している元ドラマー、CHAIは2012年から活動を開始し、サイケデリックな楽曲とともに「ネオかわいい」という新しいコンセプトを掲げ活動している4人組の女の子たちだ。

（1）ジェンダーバイアスを再生産するもの

　前述のレオナードやその他のジェンダー音楽研究者たちの多くは、音楽産業界における表象のジェンダーバイアスを指摘している。その典型的なものが容姿に関する評価の差異だろう。男性アーティストは演奏技術や思想（世界観など）を中心的に評価されるのに対し、女性アーティストはその描写に、たとえば、「妖艶なパフォーマンス」「澄んだ眼差し」といった具合に、容姿への評価につながる言説が圧倒的に多い（Faupel and Schmitz 2011）。

　しかしながらこれは、その評価者が女性アーティストの容姿のみ、男性アーティストの技術のみに興味があるということを必ずしも意味しない。たとえば音楽出版社や放送局では、アーティストを雑誌やラジオで紹介する際、読者や視聴者がある程度理解・共感しやすいような表現が求められる。これは商業的なアーティストには顕著だが、非商業的な、いわゆるインディーズやオルタナティブといわれるジャンルでも同様である。そのジャンルを好む視聴者が共感できるような言葉が考えられ、創出される。この、言葉の選択のプロセスのなかに、ジェンダーバイアスが存在する。このプロセスは何年にもわたりくり返され、再生産されながら、私たちの身体に浸透していく。

　上述の通り、日本社会には「かわいい」が蔓延している。「かわいい」という定義についてはさまざまな議論があるが、往々にして「小さなもの、幼げなものを肯定的に賞味する伝統」、つまりみずからより弱い者を愛でる価値観を排除しない（四方田 2006）。とすれば、「かわいい女の子」はジェンダー的支配・被支配の構造を前提としたコンセプトとなる。

（2）従来の「かわいい」に抗する

　この「かわいい」規範に対し疑問を呈するのがCHAIとあっこゴリラだ。

この2組が共通して訴えるのは、「ジェンダー規範にとらわれない個人」である。2018年に出されたあっこゴリラのアルバム『Grrrlism』は、もちろんRiot Grrrlへのオマージュだ。同じタイトルの楽曲のなかでは、規範にとらわれない「自分の選択（"my choice"）」が何度も叫ばれている。体型や顔の雰囲気、髪の色は自分で選べるものであり、「やりたいようにやる」、つまり固定観念を壊していくことが自分自身で生き方を選択すること、ひいては自分の幸せを選択していくことだとあっこゴリラは訴える。

　CHAIもまた、「個性はどこにある？」（『N.E.O』）と聴衆に訴えかけ、「かわいいはモチベーション」にはなるが「かわいいだけの私」は「つまらない」と一蹴する（『sayonara complex』）。そして、「わがままなわたし」、つまり自分のしたいようにするわたしが本当の「かわいい」を作り上げると主張する（『アイム・ミー』）。CHAIのコンセプト、「ネオかわいい」は、従来の「かわいい」が含みもつ、脆弱な女性を彷彿とさせる身体表象の規範（乱暴な省略表現にはなるが、細くて白くてフワフワした容姿）にあらたな概念を提案する。一般的な日本人女性がコンプレックスとするような容姿を「アートである」と言い切り、そういった容姿を侮蔑する言説をリズミカルに切っていく楽曲は痛快だ。

　興味深いのは、その音楽性の高さもとても評価されている点だ[3]。CHAIの批評には「『ネオかわいい』というコンセプトだけでなく音楽性が高い」というようなものが多い。これは、ミュージシャンとしての質が純粋に評価されているようにみえ、一見フェアのようではある。だが注目すべきは、技術の高さを強調する材料として、やはりここでも容姿（との落差）という要素が軸となっている点だ。もちろん、それが彼女たちの元来の戦略であるが、事務所やレーベルがそういったジェンダー規範に抗う彼女たちのコンセプトを、その音楽性との落差をもって商品化していることにも注目すべきだろう。私的な例になるが、彼女たちがパリ遠征した時、そこに居合わせた筆者の友人いわく、「ネオかわいい」のコンセプトは聴衆にほとんど理解されず、純粋にその音楽性の高さに評価が集中したという。多種多様なエスニシティが存在し、美の規範の多様性が人種差別の問題ともつながっているという考えが浸透しているフランスにおいて、CHAIの「単一の美の規範にポップな形で抗う」という姿勢は理解しがたいのかもしれない。この公演に合わせたフランスの週刊誌「テレ

ラマ」では、彼女たちは「日本に浸透する、稚拙で性差別的かつ商業的なかわいい規範」[4]に抗するグループと紹介されている。こういった受容のされ方にはもう少し入念な分析を必要とするが、CHAI のコンセプトは日本のジェンダー規範の文脈でしか理解されえないと仮定することができる。とすると、もし、上述のレオナードの指摘のように、音楽産業界におけるミュージシャンの評価基準においてもいまだ男性が中心となっているのならば、日本においてこの CHAI というバンドが、その音楽性とコンセプトの落差をもって話題になること自体が、音楽界における、もっといえば日本社会における男性支配的な構造を逆説的に表してはいないだろうか。もちろんこれには、CHAI というバンドをめぐる音楽製作や市場システムの分析が必要になるが、ともかく CHAI はそういった点で、聴衆にはジェンダー規範の問題として受け止められやすくわかりやすいが、その立ち位置は両義的でもある。

　これに対しあっこゴリラはもっと挑戦的である。2017 年に女性ラッパーのMC バトルで優勝した彼女のリリックは、ちまたにあふれるジェンダーバイアスに真っ向から挑んでいる。それだけではなく、髪の毛の色をターコイズにし、脇毛を処理せずに（しかも髪と同じ色に染め）インスタグラムに投稿する。体毛を処理しないというのは、前述の男性支配的な美的規範に基づいてみずからの身体を操作することへの拒否を示唆し、ターコイズ色は LGBTQ のシンボルとして使用されるレインボーフラッグの色の１つ（芸術を意味する色）を暗に示している。つまりこれらはフェミニズムや LGBTQ の記号なのである。さらに彼女の楽曲「ウルトラ・ジェンダー」の PV では、どちらの性ともつかないジェンダーレスな身体をもった若者が登場し、あっこゴリラとともに街を闊歩し、バナナ（いうまでもないが男性性器を暗示する記号）を放り投げて弄ぶ。ここからは、身体を「見られる」という受動的な立ち位置から「見せる」という立ち位置に置き換えたあっこゴリラの姿勢がみえる。もちろん女性歌手が身体「で魅せる」PV というのは、たとえば倖田來未のそれなど今までも数多くあった。しかしその多くは、女性が挑発的に身体を見せているようであっても、あくまでもジェンダー規範に基づいた身体表象の枠組みのなかで「見られる対象」となることが前提である「見せる」だった。だがこの PV において、あっこゴリラの「見せる」は、そのような規範を打ち破ることを目的とした挑発的

な「見せる」である。そこには、男性支配、もっといえば男根支配★（ファロセントリズム）のまなざし（Mulvey 前掲）に屈せずに、主体みずから自身の身体を操作していくことは可能だという、宣戦布告ともいえるような主体性がみえる。この意味であっこゴリラは特異であり、トランスグレッシブ（反逆的）であり、「ディスラプティブ（創造的に混乱させるもの）」（Burns and Lafrance 前掲）である。

　確固たる意志をもったあっこゴリラの表現方法は、ヒップホップやラップという音楽においてはむしろ軸になるものであり珍しくはない。しかしラップ界はいまだ男性優位主義的な見解が浸透している。その意味で、あっこゴリラのジェンダーバイアスの問題にふれる立ち位置はそれ自体が革新的であり、自らの女性性を肯定しながら「女性が自由に生きられることを示そう」という「美学」（北村 2020）を掲げた「第三波」ともいえるフェミニズムの日本音楽界への再来を示唆している。

─ **＊調べてみよう** ─

・気になるミュージシャンを選んで、なぜそのミュージシャンを取り上げたいのか、そのミュージシャンを取り上げることで何がみえてくるのかを考えよう。

・どのようなアプローチの仕方をすれば自分が関心のある問題を掘り下げられるかを考えよう。たとえば：歌詞の分析？　ミュージシャンのいる時代背景？　聞き取り調査？　ミュージシャンの受け取られ方？

・上記のアプローチに有用になると思われる参考資料（ミュージシャンの作品、学術論文、インタビュー、雑誌など）を読んでまとめよう。

✼ 4 ┃ ま と め

　フェミニズムやジェンダーという概念は女性の日常において決して普遍的な構成要素ではない。それらは女性のセクシュアリティや文化・政治の領域に対するかかわり方「そして社会的立場に対する独自の慣行や言説を意味」（Wald 1998）し、女性の表象が時代とともに変化していくなかでも多様化していく。この点をふまえ、気になるアーティストやアイドルを１組選んで、紹介した表象論、文化産業論などのアプローチや、本章では紹介しきれなかったアイドル論なども用いながら、歌詞やパフォーマンス、雑誌のインタビューなどを独自

に分析することは、自身が普段当たり前に聴いている音楽のなかに隠された
ジェンダーイシューや、それに対するみずからの立ち位置を明らかにするため
に有効な手段になるだろう。

＊書いてみよう

・自分が取り上げたいミュージシャンについて、自分の関心ある（問題とする）点を明確にする。

・その点について論じることで読み手には何がみえるのかを考える。

・先行研究やコーパスなど参考にした資料から、そのミュージシャンについて自分が関心をもった問題で重要だと思う点、違うと思う点、新しく自分が発見した点を書く。

・自分が導き出した結論から、他にどんな分析の仕方が考えられるかをあげてみる。

（中條　千晴）

【注】

(1) たとえば、仏独共同ドキュメンタリー ARTE の TOKYO Girls（2018年9月18日放送）を参照していただきたい。

(2) 「かわいい」という概念についてはすでにさまざまな議論があるが、第3節で詳しく述べる。

(3) たとえばライターの笠原瑛里は、音楽雑誌 rokin'on においてユウキ（B, Cho）とユナ（Dr, Cho）の技術やマナ（Vo, Key）・カナ（Vo, G）のボーカルやコーラスワークを高く評価している（笠原2017）。

(4) Télérama, 2019年5月27日、https://www.telerama.fr/sortir/chai,-les-rockeuses-japonaises-qui-dynamitent-les-diktats-du-kawaii,n6266754.php、2019年8月30日閲覧。

メイドカフェ店員のSNSブランディング 4
アイデンティティの維持管理という時間外労働

> ソーシャル・ネットワーキング・サービス（以下SNS）は、現代の生活には欠かせないものとなりつつある。私たちは日々、かわいいものや見栄えの良い食べ物に遭遇したら欠かさず写真を撮りフィルターをかけてInstagramにアップしたり、息を吸うように日常のとりとめもないぼやきや自分の趣味に関することをTwitter[(1)]につぶやいたり、時にはリアルな知りあいに向けて少し長めの近況報告をFacebookに投稿したりしている。とくに女性たちは、このようなSNSと日常のなかでどのようにつきあい、利用しているのだろうか。本章では、その具体的な事例として、メイドカフェで働く女性たちのSNS利用を取り上げる。

1 | メイドカフェにおけるSNS利用という現象

（1）メイドカフェとはどのような場所か

　本章では、女性のSNS利用の具体的事例として、メイドカフェ店員のTwitter運用を取り上げて分析する。とはいえ、突然「メイドカフェ」といわれても、イメージが湧かない読者もいるだろう。メイドカフェとは具体的にどのような場所で、どのような特徴をもつのか、手短に述べたい。なお紙幅の都合上、メイドカフェの起源や歴史については割愛したので、関心があれば別稿（中村 2019）を参照してほしい。

　まず、一口にメイドカフェといっても、店舗によって営業スタイルはさまざまであり、簡単に定義はできない。たとえば、エンターテインメント性を打ち出したタイプのメイドカフェでは、にぎやかなBGMが流れており、ステージでライブや「お楽しみ会」が行われることもある。こうしたタイプの店舗は、「萌え」を前面に押し出している場合も多い。一方、クラシカルタイプと呼ばれるメイドカフェは、落ち着いた雰囲気を醸し出しており、店員はメイド服を着用しているものの、一見一般的な喫茶店とあまり変わらないように見える場合もある。また近年、ガールズバーに近い形式の店舗も増えており、メイドのオリジナルカクテルがメニューとして存在していたり、客がメイドにドリンクを奢ることができるシステムがあったりする場合もある。

文献・語句解説
← 関連情報

しかし、こうした店舗ごとの違いがあるにもかかわらず、メイドカフェは「メイドカフェ」と一括りに呼ばれている。よって、「メイドカフェ」と呼ばれる店舗の共通要素を考えることで、現在のメイドカフェ全体の特徴を描き出せるはずだ。その結果として、ひとまず本章ではメイドカフェの特徴[2]として、①メイドなど特定のモチーフが店のコンセプトとして設定されており、②メイド服やそれに準ずるコスチュームを着用した店員が働く飲食店であり、③通常の飲食店よりも店員個人がフィーチャーされ、場合によっては「商品」化されている[3]の3点をあげておく。

　①②はよいとして、③については説明が必要だろう。③が必要なのは、①と②の条件だけでは一般にメイドカフェとは呼ばれない飲食店も含まれてしまうためである。たとえば、メイドカフェに関する批評的な同人誌を発刊しているたかとらは、「椿屋珈琲店やグリル満天星の制服はクラシカル系路線のメイド服にかなり近いが、これらの店をメイド喫茶と呼ぶ者は少ないだろう。あるいは、『不思議の国のアリス』をモチーフにしたレストラン『迷宮の国のアリス』の制服はアリスタイプのメイド服であるが、これもいわゆるメイド喫茶とは言い難い」（たかとら 2013：94）と述べている。

　メイドカフェと呼ばれる店では、各店員が固有のメイド名を有し、メイド服に名札を着けている場合も多い。これによって、メイドは客から一人ひとり個別に認識される。また多くのメイドカフェでは、席案内・メニュー説明・オーダー・飲食物提供・バッシング[4]など通常の飲食店業務に加え、業務の一環として、チェキ（インスタントカメラの一種）撮影などを通じた客とのコミュニケーションが求められる。チェキ撮影に関しては、メニューに記載がある店舗では、客は 500 〜 1000 円程度の対価を支払うことで、特定のメイドと 2 ショットチェキを撮影することができる。撮影したチェキには、その場でメイドがポスカなどのペンで「落書き」をし、撮影日時や簡単なメッセージを入れてくれることが多い。客にとっては、チェキを撮影する瞬間と、自分の近くで「落書き」をしてくれる場合にはその時間とが、メイド店員をほぼ独占して話すことができる時間になる。さらに、多くのメイドカフェでは、メイドが暇な時に客と「おしゃべり」することが推奨されている[5]。こうした事情から、常連客のなかには、自分が好きで「推して」いる特定のメイドとのコミュニケーション

を目的にメイドカフェに通う者も多くいる。このような状況を考えれば、メイドカフェでは「通常の飲食店よりも店員個人がフィーチャーされ、場合によっては『商品』化されている」といえるだろう。また、「椿屋珈琲店やグリル満天星」がメイドカフェとは呼ばれない理由も説明できる。

（2）メイドカフェ店員が SNS を利用する理由

こうしたメイドカフェの特徴から、メイドカフェ店員が仕事で SNS を利用する理由がみえてくる。現在では、実質的にほぼすべてのメイドがメイド用の Twitter アカウントをもつようになっている。これは、今の時代に自分にひいきの客をつけるためには SNS——とくにメイドカフェなどのオタク文化のなかでは Twitter——が、必須のツールになりつつあるためである。

ここで補助線を引きたい。香月孝史は、「アイドル」というジャンルの共通項として、「アイドルの自意識、より広く表現すればアイドルのパーソナリティが享受対象となる」（香月 2014：103）ことをあげている。そして、「インターネット上のツールは、『現場』の情報を伝えるだけでなく、個々人の日常や思考を本人が書きつづったり、またメンバー同士や同一の SNS アカウントをもつファンたちとのコミュニケーションの往還によって、時間・場所を共有するライブなどの『現場』とは異なる、アイドルのパーソナリティにふれうる装置になっている」（香月 2014：141）ともいう。

前述のメイドカフェの特徴のなかであげた「通常の飲食店よりも店員個人がフィーチャーされ『商品』化されている場合が多い」という点は、パーソナリティがコンテンツになるという点において、メイドという職業が香月のいう「アイドル」に近い側面をもつことを示唆している。そうだとすれば、メイド店員もまた、アイドルと同じように、SNS を使って自分自身のパーソナリティを発信したり、客と交流したりする必要がある。少なくともそのことはメイドとして働く上での大きな武器になる。

（3）女性の SNS 利用とメイドカフェでの労働

もっとも、メイドカフェで働く女性にとっての SNS は仕事と密接に結びついたツールになっているため、一般の女性が完全なる余暇活動として SNS を利用する場合とは、やや状況が異なる。とはいえ、それでも今回この事例を取り上げるのは、仕事で SNS を使う彼女たちの実践のなかにこそ、ネオリベラ

リズム★が広がった現代における女性の自己表象についての先鋭的な傾向が読み取れるためである。その理由は2つある。

1つめは、現在はSNSを用いたアイデンティティの管理・維持が労働と密接な関係をもっていると考えられるためである。河野真太郎は、「ポストフォーディズム的な現在においては、そのように余暇に属するとかつては考えられていた活動［ブログやSNS一般を運用すること］が、そしてその活動で涵養される人間性――もしくはアイデンティティ――こそが、労働資源に取り込まれるのである（角カッコ引用者）」（河野 2017：86-7）と説明し、これを「アイデンティティの労働」（河野 2017：86）であるとしている。

フォーディズムとは、福祉国家の時期に行われた大量生産・大量消費の生産体制のことで、自動車製造会社のフォードに象徴される。ポストフォーディズムはその後のネオリベラリズムの時代に行われている、先に大量生産するのではなく市場の需要に合わせてその都度生産を調整する生産方式のことだ。フォーディズムの時代には労働時間と余暇時間が明確に区別されたが、ポストフォーディズムにおいては雇用が流動化し、労働内容も変化したため、労働と余暇が明確に区別できなくなってきた。

ここで河野がいう「アイデンティティの労働」とは、賃金が発生する労働時間ではない余暇時間にも、SNSを通じてコミュニケーション能力などの人格的能力を磨き、ネットワーキングし、そこで培われ維持管理されたアイデンティティを再び賃金労働に投入することが求められているという意味である。このような事象は一般に広くみられるが、メイドカフェでの労働の場合には、賃金は発生しないまでも、SNSにおける活動自体が実際の「仕事」の一環としてとらえられている点が異なる。ある意味、メイドとは、文字通りの「アイデンティティの労働」を地で行っている職業であるともいえる。

2つめは、ポストフェミニズム★において、「女」はネオリベラリズム時代の労働者の特権的なシンボルとして立ち現れている（三浦 2013：69）ためである。たとえば、今ではネオリベラリズムとそれに基づく市場原理主義によって、すべての労働者が柔軟な自己管理、つまり自身の身体を他者化・対象化・商品化することを求められるようになってきたが、これは「女らしさ」においては歴史的に今までもずっと求められてきたことである（Walkerdine 2003：

238)。つまり、今まで女性たちが常に日常生活のなかで行ってきたアイデンティティや身体の自己管理と商品化が、ポストフェミニズム状況下では広く（男性も含めた）労働者に求められているため、仕事自体が女性ジェンダー的なものになっていると考えられるのである。こうした「仕事の女性化」（McRobbie 2016＝2020：190）が現象としてある以上、仕事の場面では女性たちの自己表象に関する工夫がよりいっそう際立ったものとしてみられるであろう。

　では、メイドカフェ店員は仕事の一環として SNS を運用するにあたって、実際に何に気を配り、何に苦労しているのだろうか。それは、現代の女性と SNS とのかかわりについてどのようなことを示唆するだろうか。次節以降でデータを参照しつつ考えたい。

✿2 | インタビューからみるメイドカフェ店員による SNS 労働の実態

（1）メイドの SNS 利用についてのインタビュー

　筆者は、2019 年 8 月〜 10 月に、メイドカフェで働いている、または働いた経験がある女性 5 名に対して、それぞれ 1 〜 2 時間程度のインタビュー調査を実施した。形式は半構造化インタビュー★で、いずれもカフェで行った。インタビュー対象者には、フィールドや SNS を通じてコンタクトをとった。主な質問項目は、どのような種類の SNS を利用していたか、SNS にはどのような内容を投稿していたか、SNS 運用時に気をつけていたことは何か、メイドとして SNS を利用していて嬉しかったことと辛かったことは何か、SNS を通じた客との交流についてなどであった。

　本章では 5 名のうち、メイド個人としての Twitter アカウントを作成して（もしくは運営から付与されて）運用していた、W さん、X さん、Y さん、Z さんの 4 名のデータを分析に用いる。分析には、紙幅の都合上、インタビューデータを逐語的に文字起こしした上で内容が損なわれないように要約したものを用い、カギ括弧によって引用する。

（2）時間外無賃労働であり営業ツール

　W さんは Twitter について、「仕事。店内で話した内容をリプ（「リプライ」

の略。返信のこと)してもらえると、やっぱりオタク側は嬉しいので、意識的にやってた。『リプしてくれたからもう1回行こう』みたいな人はいた。ストレートに営業」と言う。また、同じく営業ツールであるブログと比較して、「ブログは（自分が働いていた店舗では）アクセスランキングの結果や更新回数によって時給が上がったが、Twitterは（時給アップのための）評価対象にならない」と述べていた。

XさんはメイドとしてTwitterを運用するなかで面倒だったことについて、「(Twitterという)存在自体が面倒くさかった。Twitterやらなきゃなっていう、更新しなきゃなっていう」と述べていた。また、「営業にしか基本的に使えないTwitterだから、営業してた。そんな楽しいものじゃなくて、仕事。まじで、出勤する電車のなかとかでやっていた」とも言う。具体的な営業方法としては、「お客さん（のアカウント）をリストに入れて、見て、いいねとかしたら、『あなたのTwitterを私見てるよ』ってアピールになるので、そういうのをしてた。何か食べたとかカラオケに行ったとか、内容はなんでもいいんだけど、とにかくいいねをしてた。『常連さんだね』『認知してるよ』というアピール。『見てるよ、特別だよ、お金もっと使ってね』というメッセージでもあり、自分のお客さんがほかのメイドカフェに行ったりしていないかの『監視』でもある」。また、「はじめて来てくれた人で『はじめて行って楽しかったよ』とかリプくれた人もリストに入れて、たまにいいねしていた。『たまには思い出して来てくれないかな』という（メッセージ）」とも言う。

Yさんは、Twitterの運用について、「(自分へのリプライではない)オタクのツイートは、リプくれたらそこから（アカウントに）飛んで見てた」「自分が出てくる（言及されている）ツイートはふぁぼる（いいねする）ことで『見てるよ』アピールもできるから、悪くない話だったらふぁぼはしてる」と述べていた。また、「昔はリプライが営業だと思ってたから、リプライしてた」とも述べていた。

Zさんは、「Twitterは結局時間外労働。タダでやってるので」とした上で、「でも、(Twitterを)やらないと、やってるメイドとの（人気の）差がついちゃうから、やらなくていいと言ったとしても強制とあんまり変わらないのかなと思う」と述べている。Twitterで行う時間外労働の具体的な中身としては「毎日

必ず写真を上げるとか、質問箱をめっちゃ更新するとか、お客さんのツイートとかにどんどんいいねする『いいね活動』など」をあげており、「いいねされると客は嬉しい」と言う。

　これらのデータから、Wさんが言うようにメイドにとってTwitter運用は「仕事」であり、「ストレートに営業」であることがわかる。しかも、それは時間外労働・無賃労働でもある。Xさんの「Twitterやらなきゃなっていう、更新しなきゃなっていう」という追い立てられている様子は、メイド服を脱いで店舗での勤務を終えた後も、SNS労働が24時間ずっと自分にまとわりついている状況を端的に表している。

　そして、「営業」の具体的な方法としては、客から送られてきたリプライに店内で話した内容を加味しつつ返信するほか、非公開リストに入れたりリプライ欄からさかのぼるなどして常連客（「オタク」）の普段のツイートを読み、自分が言及されているツイートや時には何気ない日常ツイートをもいいねする（ふぁぼる）「いいね活動」（Zさん）を行うこともある。これは常連客の「監視」（Xさん）行為でもあり、「いいね」を通して「見てるよ、特別だよ、お金をもっと使ってねというメッセージ」（Xさん）を伝えるという高度な営業活動である。

（3）メイドとしてのアイデンティティの維持

　Wさんは、Twitterを運用する時に気をつけていたこととして、「わりと等身大感。飾らない感じ」を出すことをあげている。しかし同時に、「メイドとしての偶像を維持するため、あんまりネガティブなことは書かないようにしてた」「（プライベートの文体と比べて）わりと明るくしてた。ちゃんと元気なツイートをしてた。絵文字・顔文字多めで」とも述べていた。

　Xさんは自分のメイドとしての「キャラ」について、「このままだった気がする。普通の、まあ、ちょっと明るくてうるさい感じ」だったという。その「キャラ」を壊さないように、Twitterでは「ポジティブなことしか書かない。病んだらすぐ指導入るから、多分」と述べていた。また、「怖くならないようにと思って、顔文字を使ったりとかしてた」という。

　Yさんは、Twitterの使い方で気をつけたいことについて、「昔は、キャラが埋もれるのが怖かった。あと、間違ったことを間違っていると言える強さが自分

の強みだと思っていた。なので、その自分の信念というかスタンスは絶対に変えないっていう強気さは、文面でも出そうとしていた」と述べた。具体的には、「謙譲語をめちゃめちゃ使ってた。尊敬語じゃなくて謙譲語。そっちの方がクレバーにみえると思ってた。極力絵文字は使わないようにしていた」と言う。

　Zさんは、Twitterの運用で心がけていることのひとつとして「元気が一定ぐらいの雰囲気を出そうかなと思ってる。気分のアップダウンを文章に出さずに、ニュートラルに常に同じくらいのテンションでいとこうかなって。『何も気にしてないよ』っていう感じ」をあげていた。また、自分のプライベートのTwitterアカウントとメイドアカウントの違いとして、「普通の（プライベートの）アカウントは句読点をつけないが、メイドの方はちゃんと読みやすく改行したりしている。あと、普通のアカウントの方では基本的に常に体調不良を訴えている」と述べていた。

　これらのデータから、メイドは「キャラ」や「偶像」、すなわちメイドとしてのアイデンティティを、Twitter上でも維持することを求められていると感じていることがわかる。それは、主にツイートにネガティブなことを書かず、元気さ・明るさ・ニュートラルさを保持することによって達成される。また、自分が個別にもっているメイドとしての「キャラ」がある場合、それと齟齬をきたさないような投稿をしようとしている。それから、Twitterでの言葉づかいや絵文字・顔文字の使用方法にも気を配るメイドが多く、ツイートの内容だけではなく文体においても、メイドとしてのアイデンティティを維持しようとしていた。

＊話しあってみよう

・みなさんが日常的にSNSへの投稿を行う際に、文面や添付する写真について、心がけている点や工夫している点はあるだろうか。あるとしたらどのような点か、また何のためにそうしているのかを話しあってみよう。
・SNS上で表現されている自分像と、実際の（オフラインでの）自分の言動には、どの程度の乖離がある／ないだろうか。それはなぜなのか、話しあってみよう。ただし、プライバシーに関わるトピックなので、開示できる・したい範囲のみを用いた話しあいでかまわない。

**3 デジタルメディアを用いた情動労働：アイデンティティ
の表象、可視性、セルフ・ブランディング**

（1）「情動労働」と「やりがいある仕事」

　以上のインタビューデータについて、理論と接続させて考えてみると、まず
アントニオ・ネグリ（Antonio Negri）とマイケル・ハート（Michael Hardt）が
「非物質的労働」の一種であると提唱した「情動労働」と、それを受けてのア
ンジェラ・マクロビー（Angela McRobbie）の批判的展開が思い浮かぶ。

　ネグリとハートによれば、「非物質的労働」とは「知識や情報、コミュニ
ケーション、関係性、情緒的反応といった非物質的な生産物を創り出す労働」
（Hardt and Negri 2004=2005：184）であり、20世紀末から工業労働の代わりに労
働形態として主導権を握ったとされる。そのひとつの形態が「情動労働」であ
り、「安心感や幸福感、満足、興奮、情熱といった情動を生み出したり操作し
たりする労働」（Hardt and Negri 2004=2005：185）を指す。なお、類似の概念とし
て「感情労働」（Hochschild 1983）があるが、はっきり意識され認識される「感
情（emotion）」と異なり、「情動（affect）」はより身体に深く根差した、必ずしも
意識に上らない心的過程を指すといわれる（門林 2015：149）。たとえばツイー
トにいいねをつけることによって、客に幸福感や満足を与え、再び来店する情
熱を生み出している点にみられるように、メイドカフェにおけるコミュニケー
ション重視型の労働は、まさにこの「情動労働」のひとつの例になるだろう。

　しかし、第三波フェミニズム★の研究者として知られるマクロビーは、非物
質的・情動労働の概念においてジェンダーが前面に出されていない点を批判す
る（McRobbie 2016=2020）。ネグリとハートは情動労働とジェンダーの関連につ
いては認識しているものの、暗黙のうちに男性労働者に焦点を当ててきたた
め、ジェンダーの問題は「後付け」のように扱われてしまっている。それに対
して、マクロビーは、ポストフォーディズムのジェンダーそのものが女性なの
だと喝破し、前述した「仕事の女性化」にふれた上で、「やりがいある仕事
（passionate work）」（McRobbie 2016=2020：200）という概念を提示する。

　「やりがいある仕事」とは、「ポストフェミニズム時代の、賃金労働者になる
ことを期待されている、もしくはそうなることを規範として義務付けられてい

る若い女性の課題」（McRobbie 2016=2020：200）として理解できるものであり、ロマンティックな生産倫理である。具体的には、若い女性たちが「やりがい」や「仕事の喜び」をもとにして、クリエイティブな労働市場などでの成功願望をかき立てられ、そのために非常に少ない賃金で自分の時間をすべて仕事に捧げるように促される状況のことである。そして、クリエイティブな労働市場での成功願望としては、しばしば、規範化された女性らしさに基づく「女の子らしい願望」が要請され、展開される。

　このマクロビーの「やりがいある仕事」概念によって、メイドカフェでのコミュニケーション重視型の労働の領域は次のようにとらえ直すことができる。すなわち、SNS を通じて、時給が発生する店舗での労働時間のみならず自分の生活時間すべてに労働が広がっている現状は、ポストフェミニズム時代の若い女性にとくに顕著にみられる情動労働の形である。

（2）メディアを通した「自己表象」とアイデンティティ

　このようにマクロビーは女性のメディア利用についてどちらかというと悲観的であるが、エイミー・シールズ・ドブソン（Amy Shields Dobson）は *Postfeminist Digital Cultures*（Dobson 2015）のなかで、マクロビーよりはやや楽観的な立場を示している。ドブソンは、若い女性のことをメディアと文化の生産者として真剣にとらえる必要性を提唱する（Dobson 2015：1）。若い女性がただメディアを消費するだけでなくメディアの生産者でもあることは、フェミニズムの学者から「エンパワメント」としてとらえられてきた。しかし、メディアにおいて達成できる「エンパワメント」の種類について、学者たちは両義的な態度をとっている。メディアの生産者と消費者のあいだの線引きは深刻なほどに複雑化しており容易でないため、私たちは権力、強制、文化的影響、搾取について警戒し続け、新しい理解を探求しなければならないというのだ（Dubson 2015：4-5）。

　その上でドブソンは、ポストフェミニズム時代のデジタル文化では、「選択と行為主体性」が生活（人生）、アイデンティティ、メディア実践を理解するための支配的な枠組みになっていると述べる（Dubson 2015：7）。これは、たとえば SNS において、投稿にどのような文章や写真を掲載するかは、女性が主体的に自分の意思で選択していると思われている、ということだ。

また、ドブソンによれば、学者たちはソーシャル・メディアやSNSプロフィールは「アイデンティティ・パフォーマンス」の観点から考えることができるとしてきた。とくに、アーヴィング・ゴッフマン（Erving Goffman）の「日常生活における自己呈示」（Goffman 1969）の考え方が、アイデンティティの構築管理プロセスを説明するために参照されてきた。「自己呈示」とは、相互行為のなかで、自分がどういう人物であるかを相手に示すことである。その上で、ドブソンは、ゴッフマンのいう「自己呈示」（presentation of self）とドブソンが用いる「自己表象」（self-representation）の違いをいくつか説明している（Dubson 2015：9）。簡単にいうと、日常的にあまり意識されずに行われている対面での自己呈示と比べて、メディアにおける自己表象にはより意識的に行うことや自己再帰的★であることが求められているという。

　また、自己表象（self-representation）には「自分のためにやっている」という暗示的／明示的な主張があり、行為主体的で自覚的で、真正な自己著述性が前提となっているという（Dubson 2015：10）。つまり、SNSの個人プロフィールは、個人的な使用のために作られた、自分で選んだ「本物の」アイデンティティを示すものであると思われている。ソーシャル・メディアにおける自己表象は、通常、単一の安定したアイデンティティと紐づけられており、商業的・政治的な目的よりも、本質的に動機づけられた自己表現や社交性を目的として行われると見なされているというのだ。ただし、現在では商業メディアとソーシャル・メディアの境界自体があいまいになりつつある（Dubson 2015：12）。

　さらに、オンラインSNSのプロフィールには、その人の実際の身体や、オフラインの日常生活におけるアイデンティティとソーシャル・ネットワーク（人づきあいの輪）が、時に強制的に結びつけられるという。そのため、現在ではアイデンティティは断片的なもの、複数化の必要があるものとして広く理解されるようになってきているにもかかわらず、ソーシャル・メディアの技術は一貫した単一のアイデンティティを固定し、縛りつける（Dubson 2015：46）。

　メイドカフェにおけるメイド店員のSNS利用は「営業」という商業的な目的をもって行われているが、それはソーシャル・メディアの特性により、しばしば自発的な自己表現であるととらえられる。また、彼女たちがSNS投稿を通して呈示しているアイデンティティは、「本物の」単一のアイデンティティ

であり、オフラインでの姿、具体的にはメイドカフェで客前で見せている姿と同じものであると思われがちである。彼女たちは、Zさんの「Twitterは結局時間外労働」という言葉通り、店舗外でも自身のメイドとしてのアイデンティティを維持するために、無賃のSNS労働に従事する必要があるのだ。そしてアイデンティティ維持のためには、Xさんが「更新しなきゃな」と言っていたように、SNS上での「定期的なメンテナンスと作業」（Dubson 2015：47）を行わねばならない。それは、自分の生活時間が24時間365日すべて、無賃のSNS労働と無関係ではいられないことを示している。

（3）可視性と望ましい「女らしさ」

　最後に、サラ・バネット＝ワイザー（Sarah Banet-Weiser）が『エンパワード』のイントロダクション（Banet-Weiser 2018＝2020）で展開している議論を紹介することで、可視性と「女らしさ」について考えたい。バネット＝ワイザーも、メディアにおける可視性が女性たちにもたらす「エンパワメント」について、やはり両義的な態度をとっている。

　バネット＝ワイザーは、デジタルメディアにおけるネオリベラリズム的で資本主義的な文脈の展開が「プラットフォーム資本主義★」と呼ばれてきたことを確認した上で、そこではメトリクス（ネットワーク上で相手のもとに届くまでの距離の産出）、数、クリック数、「いいね」などが「可視性」を構成すると述べる（Banet-Weiser 2018＝2020：229）。プラットフォーム資本主義が覇権を握る現在において、可視性は目的達成の手段ではなく、目的そのものである（Banet-Weiser 2018＝2020：232）。可視性が重視される枠組みにおいては身体、とくに異性愛規範が埋め込まれたシスジェンダー★の女性の身体が製品とされる。そのマーケットでは、意欲的な女の子と落ちこぼれの女の子とが選り分けられ、非物質的なもの、とくに自信、高い自己評価、エンパワメントというあいまいな概念が重視されている（Banet-Weiser 2018＝2020：237-8）。

　また、可視性を重視する枠組みのなかでは、女らしさに紐づけられた感情労働（Hochschild 1983）が重要な存在となっている。その一例として、若い女性たちは自分たちを市場価値のある商品にするため、日々セルフケアを行い、またSNSを通してセルフ・ブランディングを行っている（Banet-Weiser 2018＝2020：238）。

そして、バネット＝ワイザーによれば、女性たちはマクロビーがいうところの「見世物的な女らしさ」（McRobbie 2009）を具現化している場合のみにしか可視化されない（Banet-Weiser 2018=2020：239）。つまり、見る人にとって「安心できる」、「社会的に評価されるタイプの女らしさ」を備えている女性のみが可視化されるということだ。よって、可視化は女性たちに一種のエンパワメントをもたらすかもしれないが、それは女性たちを社会的に評価される望ましい女らしさに適合させるものでもある。

　こうした、プラットフォーム資本主義における可視性と若い女性との複雑な関係に関するバネット＝ワイザーの議論は、SNS で日々ブランディングを行い、望ましい自己像・女性像を呈示しなければならないメイドの労働について考える際にも有益である。たとえば、インタビューデータによれば、メイドは Twitter にネガティブなことは書かず、どちらかといえばポジティブな（明るい・元気な）雰囲気を醸し出そうとしていた。それは、ポジティブなキャラクターが、社会的に評価される望ましい女らしさの一要素になっているからではないか。

＊読んでみよう

・田中東子『メディア文化とジェンダーの政治学——第三波フェミニズムの視点から』世界思想社、2012 年。：ポストフェミニズム以降の女性たちの生について観察し、フェミニズムの現代的な意義について検討している。第三波フェミニズムの理論を紹介した上で、具体例としてサッカーファンの女性やコスプレ愛好者による文化実践を分析する。

・河野真太郎『戦う姫、働く少女』堀之内出版、2017 年。：ポピュラー・カルチャー（正確には共通文化コモン・カルチャー）における女性の表象を論じた本。扱う対象は『アナと雪の女王』や『千と千尋の神隠し』など多岐にわたる。文化と労働とポストフェミニズムの関係性を知りたい人はまず手にとってほしい。

・高橋幸『フェミニズムはもういらない、と彼女は言うけれど——ポストフェミニズムと「女らしさ」のゆくえ』晃洋書房、2020 年。：「フェミニズム離れ」したポストフェミニスト女性たちがもつ、ネオリベラリズムによって再編された新しい「女らしさ」のあり方を検討する本。具体例として、「めちゃモテ」ブームやソフレ（添い寝フレンド）が分析されている。

4 | フィールドのなかでインタビュー調査を行うコツ

　第3節で行ったような理論を用いた分析を行うためには、インタビューデータそのものが豊かである必要がある。本節では、何かの「現場」や「フィールド」でのインタビュー調査を行ってみたいと考える読者に向けて、豊かなデータを得るために、筆者の経験から導き出されたコツやヒントを提示したい。

（1）フィールドに足繁く通い、気づいたことをメモに残す

　まずは、自分が調査したいフィールドを見つけて、足繁く通うことが大切である。特段フィールドが見つからないという人は、自分の日常生活をふり返ることから始めるとよいかもしれない。日常のふとしたシーンで軽く違和感を覚えたことや考えたことが、そのまま研究テーマになることもある。また、「足繁く」通うのが大事なのは、現場を体験した人にしかわからないフィールドの空気感というものがあり、それをつかむためにしばらくのあいだはあまり間隔を空けずにフィールドに足を運ぶことが重要だからである。

　フィールドに通うなかで気づいたことは、大したことがないと思うようなごく簡単なことであっても、どんどんメモしよう。自分がフィールドに慣れてすっかり「中の人」のようになってくると、フィールドの文化、たとえば独特な決まり事や風習を当たり前だと思うようになり、初期段階での「よそ者」視点での気づきを忘れてしまいかねないためだ。それに、私たちの記憶力はあてにならない。たとえば、何も書き残さなければ私たちは3日前に食べた夕飯のメニューすら忘れてしまう。しかし、日記に夕飯のメニューを書いておけばあとからすぐに調べることができる。よって、フィールドに通うなかで少しでも引っかかりを覚えたことや重要だと思う出来事は、最初のうちからできるかぎりメモして、当時の自分の視点として残しておきたい。

（2）フィールドのなかにいる人と交流する

　次に、フィールドのなかにいる人と交流してみる。しかし、これはあまり難しく考えすぎずともよい。なぜなら、フィールドに足繁く通っているうちに、自然と顔見知りや知り合いができている可能性も高いからだ。「交流しなくては」と身構えずとも、フィールドに身を置いている時に自然と自分から話しかけたり、相手から話しかけてもらったりする機会があれば、それでもまったく

問題ない。交流する際には、あくまでも、「最近フィールドに来るようになった初心者で、いろいろわからないことが多いので、教えてほしい」という虚心坦懐なスタンスでいることが大事である。場合によっては、突然現れたあなたに、フィールドのことを懇切丁寧に説明してくれる人が出現することもあるかもしれない。交流するなかで感じたことや気づいたことは、これまたメモにこまめに残しておくのがよい。

　ただし、フィールドのことをまだよく知らない段階でフィールドのなかの人と交流する際には、無知や無理解に由来する差別的な言動をしてしまわないように十分注意する必要がある。とくに社会的マイノリティの人たちのフィールドに足を踏み入れる際には、そのテーマについての入門書や概説書、先行研究を複数読むなどして、最低限の基礎知識を身につけておくことが必須である。

（3）実際にインタビューを行う

　ここまで来たら、いよいよ実際にインタビューを行う段階だ。まず考えなくてはならないのは、インタビュー対象者の選定だ。（2）で交流していた人たちに協力してもらえそうであれば、もちろんそれでもかまわない。ただ、インタビューに答えるというのは、なかなか負荷の高い行為であり、誰もが協力したいと思えることではない。自分のことや自分がいるフィールドのことを根掘り葉掘り聞かれる上、それに対して自分の考えを上手に言語化して返さねばならない（と感じる）からだ。また、ごく身近に交流していた人だと、改まってインタビューをしたりされたりするのは関係性的に難しいケースもあるかもしれない。そうしたさまざまな理由によって協力してもらうのが厳しい場合には、その人の知り合いで協力してもらえそうな人を紹介してもらうのがよい。フィールドにキーパーソンのような人がいる場合には、もちろんその人にインタビューできたら貴重なデータが得られるが、とくに最初のうちはまずとにかく誰の話でも興味をもって聞いてみることが大事である。

　次に、質問事項を考える。本章第2節で行ったような半構造化インタビューの場合、事前にある程度質問項目を決めておく必要がある。せっかくフィールドに通っているのだから、まったくの部外者には聞けないような斬り込んだ視点での質問をしたいものだ。その際に、（1）でとりためたメモが役に立つ。自分が実際にフィールドに通うなかで不思議に思ったことやもっと知りたいと

思ったことを尋ねるのが一番だ。

　実際にインタビューを行う際には、協力してくれるインタビュー対象者に、インタビュー調査の詳細をよく説明し、調査協力に対する同意を改めて得る必要がある。この点はさまざまなインタビュー調査の入門書に書いてあるため詳細は省くが、とくに、答えたくない質問には答えなくてよい、データは研究に用いる際には匿名化される、といった説明は重要である。

　インタビューを始めたら、最初は用意しておいた質問項目を順に聞いていくが、一問一答のような形で終わらせてしまわず、得られた回答からさらに深掘りして聞いてみたいことをどんどん聞いてみよう。途中で話が脱線してもかまわない。むしろ、予定していた話題から逸れて2人で話し込むなかから、創発的に新しい発見が生まれる点が半構造化インタビューの醍醐味だと筆者は考えている。この時気をつけたいのは、フィールドの「あるある」話になった際に、「あるある」で終わらせてしまわず、いったん「よそ者」の気持ちに戻って改めてその内実を尋ねてみることだ。フィールドに馴染んできた状態でインタビューを行うと、自分も現場の感覚がわかるようになっているため、フィールドの外部の人にはわからない独特なあるあるネタの話になった際に、思わず「そういうのありますよね」と応じて終わらせてしまいそうになることがある。しかし、研究調査ではその「あるある」の中身をこそ明らかにしたいので、そこで終わらせずさらに深く尋ねて、「あるある」についてその人なりの言葉で説明してもらうことが重要だ。

───── ＊調べてみよう ─────

・実際に、自分が興味をもっているフィールドやコミュニティに足を運んでみて、数人にインタビューをし、その「場」について他の人が知らないであろう独特で興味深い点を見つけてみよう。この調査は、すでに自分が属しているコミュニティのなかで行ってもかまわない。

・身のまわりの人や自分と同じ集団に属している人のSNSの利用方法について、自分なりにある程度事前に質問項目を設定し、インタビューしてみよう。その際、まずは自分のSNS利用方法について自問自答してみると、他の人に質問してみたいことが浮き彫りになるはずだ。

✤ 5 ｜ ま と め

　メイドカフェにおけるメイド店員の SNS 利用は、時間外の無賃労働であり、営業ツールであり、同時にメイドとしてのアイデンティティを維持管理するために必要なものであった。それは逆説的に、メイドとしてのアイデンティティがメイドカフェにおける重要な商品のひとつであることを示している。SNS はその商品を広告する場である（＝営業）。つまり、メイドは、みずからの身体やアイデンティティを商品とし、その商品の維持管理やメンテナンスもみずから行い、さらに商品の営業までみずから行わねばならないのである。これは「アイデンティティの労働」の究極系であるといえるだろう。そして、そのことと SNS やデジタル文化とのかかわりが、彼女たちの労働をさらに複雑で大変なものにしている。

　もっとも、本章ではふれられなかったが、彼女たちは SNS による客とのコミュニケーションを通して、時に喜びを感じたり、「承認」されたと感じたと語ることもある。SNS 利用についてメイドにインタビューした際、辛かったことについて語られる割合の方が多かったが、それでも嬉しかったことも語られていたのは確かである。これは、メディア、とくに SNS を通した女性の可視化によるエンパワメントの両義性をよく表している。この点については今後の課題として、改めて論じたい。

― **＊書いてみよう** ―

・自分が興味をもったフィールドやコミュニティでインタビューをした結果発見したことを、レポートとして執筆してみよう。まずはそのフィールドに関する先行研究を改めて複数読み、自分の調査結果との共通点や相違点をあぶり出すとよい。そこで見つかった相違点がオリジナルの主張につながる。その上で、レポート全体の目的と問いを設定し、先行研究を整理して記述し、インタビューデータと考察を載せ、問いに対する自分なりの結論を導き出そう。

・身のまわりの人や自分と同じ集団に属している人の SNS の利用方法についてのインタビュー結果をもとに、考えたことを書いてみよう。とくに、自分の SNS 利用方法との共通点や相違点に着目してみたい。

（中村　香住）

【注】

(1) もっとも Twitter 社は、Twitter は SNS ではないとの立場を貫いている。しかし、人と人との（比較的緩い）社会的なつながりを促進する側面があるという意味では、広義の SNS ととらえることは可能であろうし、そのような使い方をしているユーザーも実際に多くみられる。また、一般的にも Twitter は代表的な SNS の１つであるという共通了解が広く存在すると思われる。よって、ここでは Twitter も SNS の１つとして記述している。

(2) メイドカフェと「コンセプトカフェ」をどのように線引きするかは別途議論があるところだが、本章ではこれ以後、便宜上、「コンセプトカフェ」もメイドカフェの一種として扱う。そのため、この特徴は「コンセプトカフェ」も射程に入れた特徴となっている。

(3) メイドカフェに関する批評誌である、ベール『メイドカフェ境界学――なぜメイドカフェの定義は曖昧なのか』コンカフェ超党派、2019 において、ベールは、メイドカフェ的な店とは「女の子を推せるサービスを提供している店」であるとし、実のところこの「推せるサービスを提供している店」は彼の用法でいう「コンカフェ」であると分類している。筆者による③の記述は、ベールによる「コンカフェ」の定義と重なる部分もあるが、注２で述べたように本章ではメイドカフェとコンセプトカフェを両方射程に入れた特徴を描写するため、チェキなどの明確に「推せる」サービスがメニューにない場合でもメイドカフェと呼ばれる店があることを念頭に置いて、「店員個人がフィーチャーされ、場合によっては『商品』化されている」とした。

(4) 空になったグラスや皿などテーブル上に必要のない物を下げる作業のこと。

(5) ただし、なかには、客との（給仕に関わらない）不必要な「おしゃべり」を推奨していないメイドカフェもある。そうしたメイドカフェにはチェキ撮影メニューもないことが多い。これらの特徴は、前述の「クラシカルタイプのメイドカフェ」において比較的よくみられる。

Girls' Media Studies

5 女子高生ブームと理解による支配

援助交際をする〈美少女〉

女性に性的欲望を感じる男性(1)向けの「アダルト動画」に登場する学校の制服を着た若い女性、男性を主な対象にした漫画やアニメやゲームに出てくる極端に短いスカート姿で胸が強調された高校生の美少女キャラクター……。現代の日本における少女のイメージのなかで、性的なものは大きな一角を占める。なぜ少なからぬ男性が少女に性的関心をもつのだろうか。それらの男性たちにとって少女の魅力とはどのようなものなのだろうか。

本章では、1990年代の日本社会で女子高生に強い関心が向けられた現象（以下、「女子高生ブーム」と呼ぶ(2)）から、それについて考えてみたい。「援助交際」という、「管理や強制なしに、ある人が金品を代償に、他者の性的な部分を売買することを前提として成立するコミュニケーション」（圓田 2001：56）を指す言葉が広く知られるようになったのは、このブームによってである。今では（完全に同じ意味ではないにしろ）「パパ活」という用語の方がよく使われているが、1990年代に、女子高生が現在の「パパ活」のようにお金をもらって年長の男性とデートや性的行為をしていることが大きな話題となり、社会現象化した。本章では、当時の男性たちにとって女子高生とはどのような存在だったのかを考えることを通して、少女に向けられる欲望のひとつのあり方を浮かび上がらせ、他者を理解することを通して支配しようとする現代的な「男らしさ」のあり方を提示することを試みる。

1　1990年代の女子高生ブーム

バブル景気崩壊後の1990年代、高校生の少女たちが連日のようにメディアで取り上げられ、社会の関心を集めた。女子高生は流行の発信源と見なされて独特の制服の着こなしなどが注目される一方で、自身の性を利用するような彼女たちの行動も大きく取り沙汰された。

まだインターネットが普及していなかった当時、女子高生たちは自分の制服や下着等を「ブルセラ（＝体操着のブルマーとセーラー服の略）ショップ」と呼ばれる店に売ったり、電話で異性と会話でき現在の「出会い系サイト」のようにも使われた「テレフォンクラブ（テレクラ）」というサービスなどを通じて金銭と引き換えに男性とデートや性的行為をしているとメディアを騒がせた。1993年から男性向けの週刊誌には「ああ世紀末『ブルセラ売春』女子高生の衝撃告

文献・語句解説
← 関連情報

白『私を買ったオジサンたち』」(『週刊ポスト』1993年10月1日号）といった記事がさかんに掲載され（辻2002）、援助交際を行う女子高生が登場するテレビドラマ・小説・映画等も多数作られた。その騒ぎはメディア上にとどまらず、現実の女子高校生たちをも巻き込んだ。高校生程度の年齢の女性を対象に1999年に実施された調査では、街で年長の男性に声をかけられたことがある回答者は東京都杉並区で52%、静岡県浜松市で50%にのぼり、そのなかで「お金をあげるから」と言われたことがある人は杉並区で36%、浜松市で40%になったという（佐藤（佐久間）・平野・辻2000：453-454）。このように、1990年代は「日本中が『援助交際』に発情していた」（圓田2006：3）と評されるような時代だったのである。

　本章が今から30年近くも前に起きた女子高生ブームに注目する理由は、それが日本社会で10代の少女たちへの性的関心を高めたと考えられるからだ。それ以前からも女子高生等の少女が性的に見られることはあったが、1990年代のブームによって「援助交際が日常化するほどまでに少女への性的関心が強ま」り（圓田2006：4）、大々的に公然と性的対象化された影響が現在まで続いている面があるのではないかと推測されるからである。本章では、女子高生ブームを、現在のように少女の性的なイメージがあふれる状況が出来上がる過渡期として位置づけ考察したい。

　1990年代に女子高生に対する男性の性的関心が高まった理由として、当時は「女子高生は性的であってはならない」という規範が残っていたために、そのような禁じられた対象との性的行為が価値をもったことが指摘されている（宮台2006；圓田2001, 2006；辻2002）。ただ、かつてよりはそうしたタブー意識が薄れた現在でも女子高生に対する性的関心は広く見受けられるので、そのことだけでなく他の要因もあったのではないだろうか。本章ではそれについて考えてみたい。

　1990年代の女子高生ブームの特徴のひとつは、女子高生への性的関心が彼女たちを論じることによって高められた面が見受けられることである。ブルセラやテレクラ、また、それらに続いて大きく社会問題化した援助交際に関わる、高校生を中心とした少女たち（以下、一括して「援交女子高生」と呼ぶ。「援交」は援助交際の略語である）をめぐって、メディア上で賛否両論渦巻く激しい論争

が行われ、それが女子高生への興味をいっそうかきたてたと推測される。本章では、少女についての議論と彼女たちへの性的関心との関係について考えるため、この論争の中心人物だった社会学者の宮台真司がもともと 1994 年に出版した『制服少女たちの選択』（以下、『制服少女』と略記）を分析する。

　本章でこの本を取り上げる理由は大きく 2 つある。1 つめは、著者の宮台は1990 年代に援交女子高生についての議論をリードした存在であり、『制服少女』は当時を代表する援交女子高生論と見なせるからである。女子高生ブーム時に 30 代だった宮台は、自身が行った援交女子高生の研究について 1993 年から新聞やテレビ等で積極的に発言して注目を集め、若者の現状に通じた新進気鋭の論客として華々しく活躍した。当時、メディアで見た宮台に憧れて社会学者を志した人もいたぐらい、学者の枠を超えた知名度を誇る一種のスターとなっていたのである。彼自身が「ブルセラ・援交について僕が書くほど、ブルセラっ子や援交少女が増え」（宮台 2006：360）たと述べているように、宮台は援交女子高生論の第一人者であるばかりでなく、女子高生ブームそのものを牽引した立役者の 1 人といえる。そのような宮台の援交女子高生論は、人々の援交女子高生の見方に大きな影響を与えたのではないかと考えられる。『制服少女』は宮台の若者研究の成果を一般の読者に向けて紹介した著作で、彼の一連の援交女子高生論のなかでもっともまとまって書かれたものである。2006 年には文庫化もされたが、その裏表紙で「衝撃作」と紹介されていることも、この本の社会的インパクトを伝えている。

　本章で『制服少女』を取り上げる理由の 2 つめは、この本に記されている宮台が援交女子高生を論じた動機のなかに、評論家のササキバラ・ゴウが『〈美少女〉の現代史──「萌え」とキャラクター』（2004）で分析した、漫画やアニメやゲームに登場する美少女キャラクターを愛好する男性オタクの欲望と同形の構造を見出すことができるからである。同書（第 1 刷）の帯には、「『制服少女たちの選択』を書いた宮台真司も、なぜあんなに少女のことばかり気にするんだろうか」と書かれており、このことが示唆されている。だが、残念ながら同書では宮台について具体的に論じられていない。現在、男性たちの女子高生に対する関心は、女子高生によるサービスを売り物とする「JK（＝女子高生）ビジネス」にみられるような現実の女子高生に対するものと、漫画やアニメや

ゲームに登場する架空の女子高生キャラクターに対するものとに大きく二分されており、両者は必ずしも重ならないと考えられる。だが、ササキバラの議論との相似から、『制服少女』は女子高生に対する２種類の関心の共通点を考える手がかりになりうる。

　もっとも、宮台が『制服少女』に彼の事情や心の内などをすべて書いているとは限らない。実際の彼自身は本の内容から推測される姿とは異なっている可能性も大いにある。だが、本章の関心は、宮台本人ではなく『制服少女』で提示されている記述にある。本章の目的は、あくまでも『制服少女』に書かれていることからササキバラが論じた男性オタクと共通する少女への欲望の構造を抽出し、宮台個人を超えて少女にさまざまな意味で関心を抱く男性について考えることのみにあり、宮台の人格を批判するといったことではまったくない。以下では、ササキバラの議論を念頭に『制服少女』を読むことで、女子高生ブームにおいてなぜ男性たちが少女に魅了されたのかに対するひとつの仮説を示したい。

　本章で分析する『制服少女』は 2006 年に出版された文庫版である（以下、『制服少女』からの引用は文庫版のページ数のみを（　　）内に記載）。以下では、1994 年刊行の単行本版から存在する内容を「旧『制服少女』」、文庫化の際に複数追加された文庫版だけの内容を「新『制服少女』」と呼ぶ。新『制服少女』では援助交際の話題が数多く取り上げられており、旧『制服少女』で論じられたブルセラやテレクラの問題と援助交際の問題が、宮台のなかでは一続きのものとしてとらえられていることがうかがえる。そのため、本章では、「援助交際」という言葉が広く使われるようになった 1996 年以前に書かれた旧『制服少女』で論じられる女子高生も一括して「援交女子高生」と表記している。

> ＊話しあってみよう
> ・女子高生等の少女に対する性的な目線を感じたことはないか話しあってみよう。自分自身や身近な人が経験したことについてでも、メディア上の表現（写真・イラスト・映像・文章・発言・物語等）についてでもよい。
> ・同様に、男子高生等の少年に対する性的な目線を感じたことはないか話しあってみて、少女に関する状況と比べてみよう。

2　『制服少女』の援交女子高生論

（1）『制服少女』の援交女子高生論

最初に、『制服少女』の援交女子高生論の特徴をみてみよう。売春する女子高生に対するそれまでの典型的な語り口は、「崩壊家庭」の少女が「不良」に「転落」し、売春等に手を染めるが、最後には「改心」するというものだった(133)。また、著名な知識人たちは、援交女子高生に対して「少女たちは自分自身を傷つけていることを知らないと。いつかは後悔するだろうと」みており(14)、「少女を叱れ」（福田和也）等と発言した(356)。このような見方をする人に対して、宮台はしばしば「オジサン」「オヤジ」という言葉をあてている。

対して宮台は、「不良があからさまに『不純異性交遊』をする時代は終わり、クラスの何割、学年の何割という女の子たちが、ブルセラバイトやテレクラバイトをする時代になった」(5-6) というように、援助交際等は一部の「不良」に限らず「普通」の女子高生もやっていることだとした。また、「少女たちはけっして後悔しないだろうと断言できる」(14) というように、女子高生たちは援助交際等をしても傷つかないと主張した。

このような宮台の議論がメディアでもてはやされたのは、これまでの「常識」的な見方と異なるために目を引いたことがあっただろうし、当時東京都立大学助教授という肩書の人物がそれを述べるインパクトもあっただろう。それらに加えて、以下の2点を指摘しておきたい。

まず、1990年代に女子高生に向けられていた欲望は、性的な側面に関するものばかりではなかったと考えられることである。新『制服少女』の座談会で、1990年代に性的行為を伴わない援助交際を行っていた大泉りかは、その動機について、「お金を稼ぐよりも、取材の意味合いが強かったんですよ。将来、ものを書く人になりたいって思っていたし、現役女子高生が援交小説書いたら、結構売れそうだなって」と語っている(145-146)。「現役女子高生が書く援交小説」に世間が期待するのは、「援交女子高生の真実の姿」や「本当の思い」といった彼女たちの内面に関わるものだろう。1990年代の女子高生ブームには、少女たちの性が金銭取引の対象になる「性の商品化」のみならず、彼女たちの内面を知ることにも金銭を払うだけの価値が見出される「内面の商品

化」という側面もあったのではないだろうか。たとえば、女子高生ブーム時の男性向けの雑誌では、「告白」・「座談会」といった、女子高生自身の語りという形式をとる記事が定着していたことが指摘されている（岡井 2000）。そうしたなかで、援交女子高生を実態調査に基づき論じた宮台の文章や発言は、彼女たちの内面を理解させてくれるものとして求められた可能性を考えることができる。

　しかも、宮台の主張は、女子高生と性的行為をしたい男性にとって好都合なものである。宮台の言う通り、援助交際等を行っている女子高生は一部の「不良」だけではないのであれば、それ以外の好みのタイプの少女とも性的行為ができるかもしれないことになる。また、男性たちのなかに未成年を買春することで相手を傷つけてしまうのではないかという後ろめたさがあったとしても、宮台が「少女たちはけっして後悔しないだろう」と断言してくれているので問題はないと思うことができる。宮台の援交女子高生論は、みずからの性を売る女子高生を擁護することを通して彼女たちの性を買う男性をも擁護し、少女との性的行為に関心がある男性の背中を押すよう機能しうるものだったからこそ、「日本中が『援助交際』に発情していた」時代を作り出す一端を担った面があるのではないだろうか。

（2）傷をめぐる誤謬

　以上のように、1990 年代の宮台は「援助交際をする女性たちの生き方を肯定的にとらえて」おり（159）、「彼女たちは傷ついていない」と主張した（398）。だが、約 10 年後の新『制服少女』では、援交女子高生たちのその後を観察すると「あまり幸福になっていない例が目立つ」ために、かつての自分の見方は「間違っていたと思っています」と述べている（159）。

　援交女子高生のなかに傷ついていた人がいたのならば[3]、なぜ当時の宮台はそのことに気づけなかったのだろうか。その理由のひとつとして考えられるのが、宮台の援交女子高生に対するインタビュー調査のやり方が、調査対象者の回答を一定の方向に導きかねない危険性をはらむものだったことである。宮台によると、「僕の話の聞き方は、まず取材であることを言わないで会い、車でぐるぐる回りながら『実はこういうわけで……』と切り出す。で、ダッシュボードにポンとテープレコーダーを載っけて、だんだんと[4]ディープな話を聞

き出す」ものだったという (338)。そのように少女が年長の男性が運転する車に乗ってインタビューを受けるという状況では、彼女たちが「相手の機嫌を損ねたら何をされるかわからない」と警戒しかねず、一般的なインタビュー調査以上に、調査対象者が自分に対する調査者の期待をおもんぱかり、それに合わせようとする傾向が生じやすくなるのではないだろうか[5]。

　また、宮台によれば、「わたしのおこなっているインタビューはかなり特殊なもので、場合によっては女の子が泣き出してもまだ突っ込みつづける」ようなものであるために、「彼女たちとわたしのあいだにある種の特殊な関係を築きあげてしま」い、「わたしの言葉というか世界把握の形式が伝染する」こともあったという (309)。そうなればなおさら、宮台自身の考えが彼女たちの語る内容に影響を与えやすくなると考えられる。

　したがって、このような調査に基づいた、「援交女子高生は傷ついていない」というかつての宮台の主張は、彼自身の予測や願望だったのではないかというひとつの可能性が浮上する。そこで、次節では、宮台が援交女子高生を肯定的にとらえようとした動機について、彼の発言をみてみたい。

─ ＊調べてみよう ─

・『プロセスが見えるメディア分析入門──コンテンツから日常を問い直す』（藤田真文・岡井崇之編、世界思想社、2009 年）の辻泉による第 8 章「〈女子高生〉はなぜブームになったのか？──週刊誌記事のジェンダー論」を参考に、近年の「女子高生」や「パパ活」に関する雑誌やインターネット上の記事を分析してみよう。そして、辻が分析した 1990 年代の女子高生に関する雑誌記事の結果と比べてみよう。

・女子高生と思われる少女の写真やイラストを集め、服装・髪型・表情・視線の向き・体型・ポーズ・一緒に表されている人や物等の特徴を調べてみよう。少女の写真・イラストが掲載された媒体が主に対象とする人によってそれらの特徴に違いが出るかも分析してみよう。1990 年代のものと最近のものを比較するのもいいだろう。

3 ┃ 援交女子高生論と男性性

（1）援交女子高生を擁護した動機

　宮台は新『制服少女』で、1990 年代に援交女子高生を擁護した理由を 4 点あげている (157-159)。まず、①パターナリズム（父性的温情主義）を批判するこ

とがある。パターナリズムとは、強い立場にある者が相手のためという名目で、本人の意向を無視して弱い立場の者に干渉することである。「大人たちのお為ごかしを拒否し、自分にとって何が幸せかは自分が決める」という援交女子高生は、反パターナリズムという点で評価できたという (157)。

　また、②若者の救済という目的もある。宮台によれば、1995年の地下鉄サリン事件等で多くの人を殺害したオウム真理教の信者たちは、日常を汚れたものとして否定し、輝かしい非日常を求めるような感覚をもっていたという。そして、宮台は「かくいう僕もその一人でした」(158) と、そのような感覚を共有していた若者のなかに自分を位置づけている。自己と現実との関係を微調整していくような援交女子高生の生き方は、そうした若者たちの心性を中和する処方箋を示しているようにみえたと彼は述べる (158)。

　加えて、援交女子高生を肯定することで、③過去の自分を肯定したかったという。宮台は、性に耽溺していた昔の「僕の生き方と、援交少女の生活とが、当時重なって見えた。だから自分のやったことも援交少女の生き方も、どちらも肯定してあげたかった」と述べている (159)。ここでは援交女子高生が自分と同一視されている。

　さらに、④恋人を助けたかったという理由もあげられている。宮台がかつて交際していた女子高校生が援助交際の経験者だったので、「彼女をサポートしてあげたいというのもあった」という (159)。

　以上のうち、①は世の中に自分の主張等を示したいという社会的な動機であるのに対し、②③④は宮台の個人的な事情に関わる実存的な動機である（②は社会的でもあるが）。この後者において、援交女子高生は宮台自身の問題を解決してくれる救済者である（②③）と同時に、宮台によって救済されるべき対象でもある（④）という、両義的な存在になっている。

　研究者が実存的な動機で研究を行うことは珍しくなく、それ自体は悪いことではない。ただ、宮台が1990年代に「援交女子高生は傷ついていない」と見なしたのは、調査対象の実情を見極めることよりも「彼女たちを擁護したい」という思いが先立った面があったのではないかという推測が成り立つ。宮台の援交女子高生論は、彼の言葉を借りれば「自己肯定願望」(400) に駆動されたものだったからこそ、彼と同じような自己肯定願望を共有している人には魅力

的に聞こえたのかもしれない。

（2）新『制服少女』における主張

　前項で紹介した宮台の考えは、新『制服少女』の時点でも生きているものがあるように見受けられる。「叱れってただの馬鹿でしょう」（356）といったように、宮台は①のパターナリズム批判の手を緩めていない。そして、自身の言論によって「オヤジの叱りが有効だと考える者が激減し」たため、「パターナリズムの克服」には「若干成功した」とオヤジたちへの勝利を自負している（356）。

　また、宮台はかつての自分の研究が援交女子高生の傷を把握できていなかったことを認めつつ、③の援交女子高生と自己の同一性を強調することで、共感という別の形で彼女たちの内面を理解できていたと主張する。「文庫版あとがき」によれば、宮台は援交女子高生のなかに「夢と現実の間で引き裂かれた私自身を見出していた」のであり（399-400）、彼女たちの話が「共感的に理解できた」のだという（397）。そして、次のように述べている。

> ［前略］彼女たちの多くは、自分たちが本当は抱いている夢について話したがっていたし、その夢をわかちあってくれる人を探していた。理解してもらいたがっていた。それに応じるのが、私のフィールドワークだった。（398、強調引用者）

　この文章は2つの点で注目に値する。まず、先述した調査方法に関する箇所を読むかぎり、宮台の調査は彼の依頼に女子高校生たちが応じる形で行われていたように見受けられる。だが、ここではその関係が反転され、もともと女子高生の側が宮台に話をすることを望んでいたかのように書かれている。次に、この文では、援交女子高生について、自分に「理解されたがっていた」と書くのではなく「理解してもらいたがっていた」という表現を使っている。「理解してもらう」という立場と対になるのは「理解してあげる」という立場だろう。ここでの宮台の文章は、援交女子高生に施しを与えるような優越した地位を自身に割り当てている。

（3）『〈美少女〉の現代史』の議論

　以上のような宮台の態度は、第1節で述べたように、『〈美少女〉の現代史』で論じられた男性オタクに通じるものがある。この本では、日本社会で美少女キャラクターが広がる過程がたどられるなかで現在でも通じるような興味深い

議論が多数展開されているが、以下では本章に関係する部分を中心に、その内容を紹介しよう。

ササキバラ（2004　以下、本項の（　　）内のみ『〈美少女〉の現代史』の該当章）によれば、1970年代、それまで少年漫画の世界で男性の行動の根拠となっていた価値や目的が崩壊していった。その後、それらの代わりとなったのが「女の子」というモチーフだった。物語のなかで男性が自分の「男らしさ」を証明する相手として、従来一般的だった社会や世間やライバルではなく、女性が選ばれるようになる。作中の男性は女の子から愛されることによって、その存在に意義が生まれる。この、単なる美しい少女ではなく、男性に存在意義の根拠を与えるという独特の構造をもつ女の子が、ササキバラのいう「美少女」である（以下、〈美少女〉と表記）（第1章）。このような〈美少女〉キャラクターは、1980年代に男性向けの漫画で、少し遅れてアニメで、90年代にはゲームで広がっていった（第2章）。

男性は、恋愛を通して自分の存在に価値が与えられることを求めて女性を恋愛対象として意識することで、自分にとって都合のいい性的対象であることを女性に求める男性の欲情が女性を傷つけていた可能性を自覚する。そして、男性は女性の内面に傷つきやすさを一方的に見出し、彼女たちを傷つけないようにその気持ちを推し測ろうとする。男性にとっての〈美少女〉は、自分に存在意義の根拠という恩寵をもたらしてくれる存在であると同時に、傷つきやすくて内面を理解してあげなければならない存在でもある（第1章）。このような女性の内面の重視は、女性の身体だけでなく内面も征服したいという欲望の表れでもある（第3章）。

男性は女性の内面を尊重するために、「かわいい」ことを良しとする女性たちの価値観を自分も共有しようとする。そして、それまで男性が女性を選ぶ基準として一般的だった、成熟した体つきを重視する「オヤジ的お色気コード」を拒否して「かわいい」という基準で女性を選ぶことで、男性の勝手な価値観で女性を値踏みするのではなく、女性の内面に寄り添い対等に向きあえていると思うようになる。

しかしながら、「かわいい」という価値のもとでも男女は不均等である。女性は「かわいい」という評価を行う主体であると同時にそう評価される客体で

もあるのに対し、男性は「かわいい」という評価はしても女性と同じようには客体にならず、男性が一方的に女性を見て値踏みする関係は変わらない。だが、男性はそのことに気づかない。「かわいい」という価値観を女性と共有することにより、男性は女性に寄り添い対等に向かいあっているつもりになる「フェミニスト的な偽装」をとりながら、より純粋に「視線という暴力」を投げかけることが可能になる。男性は自分の行動の根拠を「女の子のため」とすることで、女の子にふりまわされる受動的な存在になるが、それによって自分の行動に対する責任を回避し暴力をも発動する。

　〈美少女〉を好む男性たちは、2度の「立場の後退」を経験した。1度目は、女性に自分の欲情を一方的に押しつける「オヤジ的お色気コード」の特権性から撤退し、その代わりに「彼女の内面をわかってあげられる僕」という別の特権的な立場につくことである。2度目は、しだいに女性に感情移入できなくなって、その地位を失うことである。だが、それによって男性はますます〈美少女〉を求めるようになる。そこには2つの傾向が見出せる。1つは、人間と違って自分の暴力的な視線を受け止めても傷つかないキャラクターとして〈美少女〉を消費することである。もう1つは、「特権的な僕」の座を回復しようとして〈美少女〉の内面を作り上げようとすることである。現代社会において〈美少女〉はますます広まっている（第4章）。

　以上のようなササキバラの〈美少女〉論では、「理解」が重要な要素となっている。それは女性を征服する手段であるとともに、「彼女をわかってあげられる僕」という形で男性の存在に価値を与えて男性の実存的な問題を解決する方法にもなっている。

（4）〈美少女〉としての援交女子高生

　次に、このササキバラの議論をふまえて、本節（1）（2）でみた宮台の記述等をふり返ってみよう。『制服少女』において、援交女子高生は宮台を救済すると同時に彼に救済される両義的な存在であり、宮台に「理解してもらいたがっていた」とされていた。これはまさしくササキバラのいう〈美少女〉にあたるといえよう。そして、宮台には自己肯定願望があったという点や、援交女子高生を一方的に断罪するパターナリズム的なオヤジたちの態度を否定し、「彼女をわかってあげられる僕」という別の特権的立場を打ち立てようとして

いた点は、ササキバラが論じた男性オタクに通じる。援交女子高生に対するオヤジたちの見方を否定する旧『制服少女』と、自分の主張の誤りを認めた後、それでも彼女たちの夢は理解できていたと主張する新『制服少女』は、ササキバラが述べる2度の立場の後退に対応しているとみることができる。

ただ、ササキバラが論じる男性オタクが〈美少女〉を傷つきやすい存在と見なすのに対し、宮台は旧『制服少女』で援交女子高生に「勝手に『傷』を読み込むような熱血漢的な情熱」を批判している (14) という違いがある。だが、一見対照的な両者の態度の根は同じところにあるといえる。前項で示したように、男性オタクが〈美少女〉の内面に見出した傷は、オヤジたちが自身の身勝手な欲情を女性に押しつけることから生まれたとされる。他方、宮台が批判する論者が援交女子高生に傷を読み込むのは、売春のような不道徳なことをする少女は心が傷つくに違いないという、オヤジたちの一方的な「価値判断」によるものと宮台はとらえている (14)。つまり、両者とも上の世代のオヤジたちは〈美少女〉の内面を理解できていないと見なしている点が共通している。

宮台の援交女子高生論に魅了された人にとって、その最大の発見は、援交女子高生こそはオヤジたちの無理解からの救済を待つ〈美少女〉だとしたことだったのかもしれない。その点において、援交女子高生という〈美少女〉を理解していく宮台の議論は、〈美少女〉キャラクターが登場する漫画・アニメ・ゲームの機能的等価物となっていた可能性を考えることもできる。新『制服少女』の座談会で、1990年代に性的行為を伴う援助交際を行っていた中山美里は、自分の相手になった男性たちは「[女の子に]金やって物やって気持ちよくしてやって喜ばせてると勘違いしてたかも（笑）」と述べている (151)。1990年代の宮台の援交女子高生論からすると、男性にとって女子高生との援助交際は、性的欲望を満たせるだけでなく、「彼女を理解し援助してあげられる僕」という特権的な立場をもたらすものでもある。だからこそ、宮台の議論が男性たちの少女への関心を高めた面があったのではないだろうか。

（5）ヘゲモニックな男性性論

以上のように、『〈美少女〉の現代史』は男性オタク文化の評論であるにとどまらず、少女に向けられる男性たちの欲望を考える上で鋭い洞察に富んでいる。そこで、以下では、ササキバラの〈美少女〉論を男性に関する学術的な研

究と接続させてみたい。

　「男」というジェンダーの研究を専門的に行う学問分野として、「男性学」や「男性性研究」と呼ばれる領域がある。1960年代後半からの第二波フェミニズムのなかで、男性を中心とした社会やそのなかでの女性のあり方を女性の視点から批判的に問い直す「女性学」という学問が生まれた。その影響を受けて1980年代のあたりに成立した男性学は、男性が男性であるがゆえに生じる問題を男性自身の視点から見つめ直す学問である。それに対して、男性性研究は、必ずしも男性の視点に立つことにこだわらず、社会的に形成されている男性のあり方を考察する学問といえる。

　この両分野に共通するキーワードが「男性性（masculinity）」である。これは「男としてのあり方」を指す語で（多賀 2016：37）、日常的な言葉で言いかえるなら「男らしさ」のことである。ただし、「男らしさ」は肯定的に使われることが多いのに対し、「男性性」は良い／悪いという評価を含めず価値中立的に用いられる。男性性と対になる「女性性」という概念もある。

　男性学・男性性研究の代表的な理論が、R・コンネル（R. Connell）が 1995 年に『Masculinities』で発表した「ヘゲモニック（覇権的）な男性性」論である。2019 年の時点でも、「男性性研究において、コンネル理論に取って代わる根本的なパラダイム転換はいまのところ世界的にみても起こっていない」（多賀 2019：27）と評されるほど重要な学説である。

　コンネルによれば、ある社会における男性性は決して単一ではなくさまざまなタイプが存在する。そのなかで、もっとも理想的な男性像と見なされ、他の男性性よりも社会的・文化的に優位にある男性性が、ヘゲモニックな男性性である。たとえば、第二次世界大戦後の日本社会において、男性性の典型となっていたのは「サラリーマン」で、一家の家計を支えられる稼ぎ手であるという男性性が影響力をもっていた（多賀 2002；江原 2012 等）。ヘゲモニックな男性性をもつ男性は周囲から高く評価される傾向があるために、制度的な権力を握って利益や権威を獲得しやすい。さらに、ヘゲモニックな男性性は、「そうした男性のあり方を体現している支配的な立場の男性たちばかりか、より従属的・周辺的な立場の男性、さらには女性たちによってもそれがある種の男の『理想』として支持されることにより、全体としての男性による女性の支配が正統

化される」（多賀 2019：26）。

　しかしながら、ヘゲモニックな男性性は、いつどのようなところでも変わらない固定的な性格類型なのではなく、常に競合されうる立場にある（Connell 2005：76）。さまざまなタイプの男性性がほかよりも優越したヘゲモニックな地位を得るために競いあっており、ある時点ではヘゲモニックな位置を占める男性性もほかの男性のあり方にとって代わられる可能性があるというのが、ヘゲモニックな男性性論である。

（6）男性性の一考察としての〈美少女〉論

　ササキバラが抽出した「彼女をわかってあげられる僕」という男性の自意識の形は、男性性のあり方のひとつとして位置づけることができるだろう。日本の男性学を牽引してきた伊藤公雄は、男性たちがこだわる男らしさに共通する要素を、他者に対して優越したいという「優越志向」、自分の意志を他者に押しつけたいという「権力志向」、できるだけ多く何かを所有したいという「所有志向」の３つにまとめる（伊藤 1993：166-167）。ササキバラが論じたように、女性の内面を理解してあげることによって女性に優越しようとすると同時に、女性を理解しない古臭いオヤジたちにも優越しようとし、また、女性の身体だけでなく内面も征服して、「見る対象として美少女を所有し、その関係の中で私自身を確認」（ササキバラ 2004：191）しようとすることは、ある種の男性性を追求する行為としてとらえることができるだろう。ササキバラの議論は、女性に自分の欲望や価値観を一方的に押しつける旧式のマチスモ（本章では、男性性と結びついた、他者を支配しようとする傾向を指す）に代わるマチスモのあり方を示しているのではないだろうか。以下では、他者を理解することを通して、他者を自分の思い通りにしたり他者より優越したりしようとすることを、「理解による支配」と呼ぶ。

　そして、ササキバラが描き出し、『制服少女』において宮台が体現していたような、オヤジたちに対する下の世代の男性たちの対抗意識は、女性に自分の欲望や価値観を一方的に押しつける旧来のヘゲモニックな男性性に代わって、「彼女をわかってあげられる僕」という男性像をあらたにヘゲモニックな男性性に押し上げようとする挑戦としてとらえることができる。パターナリズム的に援交女子高生を批判する男性知識人と、それに反論して彼女たちを擁護する

宮台との論争は、ヘゲモニックな地位をめぐる新旧のマチスモの覇権闘争と見なせよう。男性が女性の内面に寄り添い価値観を共有しようとすることは、「女性の味方」として年長の男性よりも優位に立つための方策になりうる。だが、その女性の内面の理解は男性にとって都合のいい形でなされかねないことを、『制服少女』は示唆しているのではないだろうか。

＊読んでみよう

・ササキバラ・ゴウ『〈美少女〉の現代史――「萌え」とキャラクター』講談社（講談社現代新書）、2004年。：日本の漫画・アニメ・ゲームで広まった美少女キャラクターが男性にとってどのような存在であるかを考察した評論。現在の男性オタク文化を考える上でも参考になるだろう。

・多賀太『男子問題の時代？――錯綜するジェンダーと教育のポリティクス』学文社、2016年。：コンネルの「ヘゲモニックな男性性」論をはじめとする男性学・男性性研究を紹介しながら、現代のジェンダーと教育に関する議論が整理されている。

・伊藤公雄『男性学入門』作品社、1996年。：日本の男性学の先駆者の1人である伊藤公雄による男性学の入門書。古い本だが、現在でも通じるさまざまな論点についてわかりやすく書かれている。

4　社会調査の心得

『制服少女』は学問的な調査に基づいて書かれた本だが、第2節の（2）で指摘したように、宮台の調査方法が誤った主張を導き出すことにつながったかもしれない可能性を考えることができる。ある社会や社会現象を解明するために行われる社会調査は対象を理解する上で有用な手法だが、実施にあたっては調査の仕方をよく考える必要がある。調査を行うなら、調査方法についても勉強しなければならない。たとえば、人に話を聞くインタビュー調査は、単に自分が知りたいことを適当に相手に尋ねればいいだけのようにみえるかもしれない。だが、実際には、相手との関係性や話を聞く場所、質問の仕方や順番などさまざまな要素が回答内容に影響しうるため、入念な検討がいる。

また、調査を実施するには高い倫理と責任が求められる。調査協力者にとっての調査は、論文を書くといった相手の利益のために自分の貴重な時間と労力が奪われる、基本的には迷惑なものだ。調査を実施するならば、意義深い内容

のものを真摯で謙虚な態度で誠実に行い、調査される側にかかる迷惑を少しでも減らすよう努めなければならない。

　それとともに、調査中にトラブルやハラスメントに巻き込まれないよう身を守ることも大切だ。たとえば、車のような密室で2人きりでインタビューを行うことは、相手との関係によっては、調査対象者に警戒心を抱かせかねないだけでなく、調査者も危険にさらしかねず、実施しても問題はなさそうか注意深く検討すべきである。

　もっとも、調査することを過剰に恐れる必要はない。社会調査については多くの教科書が出版されており、さまざまな注意点や、実際の失敗例とその対処法なども書かれている。それらと合わせて、これまで自分がさまざまな人と関わってきた経験や身につけた常識を最大限に活用すれば、大きなトラブルを避けやすくなるだろう。慎重に、でも勇気をもって、調査に乗り出してほしい。

5 ｜ 理解による支配と現代社会

　以上、本章で1990年代の女子高生ブームから抽出を試みたのは、少女を理解することで支配しようとする男性の欲望のあり方だった。もっとも、1990年代に援助交際の「客」となった男性には、宮台に近い世代の男性もいれば宮台が対抗したオヤジ世代の男性もいたと考えられるため、これが女子高生ブームの要因のすべてではないだろう。そもそも理解による支配への欲望が実際に女子高生ブームに関わっていたのか、また、現在みられる女子高生への性的関心にも関係しているのか等も、今後検証される必要がある。

　ただ、本章で取り上げた、「フェミニスト的な偽装」を伴う理解による支配という形のマチスモは、男女平等という理念が（建前としてであれ）浸透した現代社会において成立しうる、男性による女性の支配のメカニズムを示唆しているのではないだろうか。たとえば、フェミニズムや女性の支援活動に関心をもつ男性の一部には男尊女卑的な言動をする人がいるが、彼らの一見矛盾した態度も、それらが蓄積してきた知見などによって女性を理解することで支配したいのだと考えれば説明がつく。ササキバラが描き出した「彼女をわかってあげられる僕」という男性性の型には、他の男性より優位に立とうとする志向、女

性より優位に立とうとする志向、女性を自分の思い通りにしようとする志向が内包されている。『制服少女』では特にオヤジへの対抗意識が見られたように、これら３つのベクトルのうち、どれが強く表れるかは事例によって異なるだろう。男性たちの理解による支配への欲望が時に少女に向けられるのは、少女は成人女性に比べて未熟でより理解しやすく支配しやすいようにみえるからといった仮説が考えられるが、今後の研究が求められる。

　また、理解による支配は男女間に限らず起こりうるものだろう。たとえば、DVやモラル・ハラスメント（モラハラ）、子どもを抑圧する親などのさまざまな暴力的な関係にも、理解による支配が関わっている場合があるのではないかと考えられる。DVとはドメスティック・バイオレンスの略で、結婚相手や恋人への暴力のことである。殴る蹴るといった身体への暴行だけでなく、ののしる、相手の行動を制限する等の行為も含まれる。また、モラル・ハラスメントは、直訳すれば「精神的な嫌がらせ」となり、言葉や態度などによって相手を精神的に傷つけることをいう。この両者は男性から女性になされるだけでなく、その逆や同性間での事例もある。これらの暴力的な関係は、一方がなんらかの手段で他方を支配して自分の思い通りにしようとする関係といえる。自分は相手に寄り添い理解していると思うことが、「自分は相手のことをよくわかっているのだから、相手は自分の言うことに従うべきだ」といった考えにつながる場合もあるのではないだろうか。理解による支配は必ずしも男性だけが行うものではないと推測されるため、そのなかには、男性性と結びついたマチスモの１つの表れとして存在する場合もあれば、そうでない場合もあるのではないかと考えられる。

　宮台は新『制服少女』で、現代社会には過剰な承認欲求があると指摘している（352-353）。もし現在でもそれが続いているならば、「自分のことをわかってほしい」という思いにつけこまれて理解による支配が影響力をもちやすい状況にあるといえるだろう。「理解による支配」という概念についてはさらなる精緻化や理論的検討が必要だが、さまざまな男女関係や暴力的関係を分析できる潜在力を秘めていると考える。本章で取り上げた女子高生ブームは過去のものだが、そこからうかがえる問題のなかには、現在の少女を取り巻く状況でも生き続けているものがあるのではないだろうか。

＊書いてみよう

・調べたことをもとに、1990 年代の女子高生に対するイメージと、現在の日本社会における女子高生に対するイメージをそれぞれ分析し、比較してみよう。

・最近作られた、美少女キャラクターが登場する男性向けの漫画・アニメ・ゲームを分析し、2004 年に書かれた『〈美少女〉の現代史』の議論があてはまる点とあてはまらない点を検討してみよう。それを手がかりに、近年の作品における美少女キャラクターは男性にとってどのような存在であるかを考えてみよう。

（東　園子）

【注】

(1) 以下、本章における「男性」は、女性を性的欲望の対象にする男性のみを指すこととする。

(2) なお、1980 年代後半にも、秋元康が手がけた現役女子高生中心のアイドルグループ「おニャン子クラブ」等によって、1990 年代ほどではないものの女子高生が注目され、第一次女子高生ブームとも呼ばれているが（宮台 2006：127）、本章の「女子高生ブーム」は 1990 年代のもののみを指す。

(3) 実際には援助交際で深く傷ついた女性もいればそうでない女性もいただろうことは、大泉の発言（160-161）や、圓田浩二の研究（2001,2006）からうかがえる。

(4) 原文では「だんだとん」と書かれているが誤記と考えられるので、読みやすさのため、このように修正した形で記載する。

(5) また、車の中でインタビューの依頼をすることは、相手を断りにくくさせるだろう。もしあまり気乗りしないままインタビューを受けた人がいた場合、率直に答えるよりも適当に話を合わせようとしがちになる可能性もあるのではないだろうか。

交渉と実践

　スポーツブランドのナイキは、「Dream Crazier」(2019) と呼ばれる CM を放映した。テニスのウィンブルドンで 23 回優勝し、出産後もプレーヤーとして復帰したセリーナ・ウィリアムズが女性アスリート代表としてナレーションに起用され、「男性相手に争うと、クレイジーと言われる」、「機会の平等を求めると、妄想じみていると言われる」、「怒りを見せたとき、ヒステリックで理性がなく、クレイジーだ」と言われる、語りかける。というのも、女性がマラソンを走ること、ボクシングすること、ダンクシュートを決めること、NBA のコーチになること、ヒジャブ（ムスリム女性が身につけるターバン）をつけて競技すること、女性がスポーツの歴史を変えることすべてが「クレイジー」だと言われ続けながらも、女性アスリートたちは数々の功績を打ち立ててきた。そうした印象的な映像とともに、「アイツらにクレイジーなやつに何ができるか見せてやろう、あなたが成し遂げれば、クレイジーではなくなるから」とエンパワメントする本 CM は、「障壁を破り、パフォーマンスを通じて人々を結びつけ、夢を追いかける世代のアスリートに影響を与えた女性アスリートにスポットライトを当て」た。そしてそれは、スポーツにおいて女性が直面してきた苦悩と葛藤の歴史をも描いている。

1 「ストリート」を男性的な空間として構築する ジェンダー構造

（1）メディアによって「女性化」される女性アスリート

　スポーツは、性別による身体的な差異が視覚化されやすく、それと能力が結びつけられる。そして「男らしさ」「女らしさ」という社会的・文化的につくられた行動様式や認識（かつて世間で流通していた、「男は外で仕事、女は家で家事育児」などの性差によって役割が分類されている言説などのこと）とも結びつけられる。そうして構築された「スポーツ＝男性文化」のイメージは、スポーツから女性を排除してしまう構造をつくり出す。さらにこうしたスポーツにおけるジェンダーの不均衡さは、メディアが女性アスリートの競技能力より、その選手の「美しさ」「かわいさ」「きれいさ」といった「女らしさ」に注目する傾向にも顕著に現れている。メディアが取り上げ構築した「女らしさ」は、人々に社会が期待する女性像と認識され、女性たちの思考や行動の規範となりうる。つま

文献・語句解説
← 関連情報

り、「女らしさ」などのジェンダーはメディアによって社会的に構築されるものでもあるのだ。

（2）「ストリート」は本当に「誰にでも開かれた」空間か？

スケートボードやサーフィンなどは、オリンピックの新競技にもなったスポーツでもあるが、それ以前に、これら「横乗り」文化は、ファッションや音楽やアートなどのスポーツ以外のカルチャーとの結びつきも強く、同じ技や、波を通じてくり出される身体表現であっても各々の美的感覚（かっこよさ）も加味され評価される。それには、人々の価値観やライフスタイルも反映されるため、そうした実践者の求めるクールさ、自由さ、楽しさを追求する DIY 精神が特徴的なカルチャーでもある。

そして、これらのスポーツは過酷な身体表現も伴うことから、より男性中心的な特色の強いスポーツ文化の場でもある。たとえばストリートでスケートボードに取り組むスケーターは、高難度の技を習得するために転んで怪我をしたり、筋肉痛になったりと、常に危険や痛みと隣りあわせで練習している。そうした痛みや恐怖というリスクを背負いながらも、それをものともせずストイックに練習に打ち込み技をモノにする態度は、屈強な男性像に象徴される「力強さ」「無鉄砲さ」などといったマスキュリニティと結びつけられる（田中2016）。このマスキュランな側面こそが、ストリートのスポーツやカルチャーにおける身体表現ではもっとも価値があるものとして評価される。こうしたストリートスポーツやストリートカルチャーの価値観は、今日の社会における規範化された「女らしさ」からは逸脱していて、スポーツの男性的イメージとも結びつき、女性の参入をさらに困難にするどころか、排除する力として働くことさえもある。

自身もスケートボードなどのストリートスポーツを実践する女性研究者のウィートン（2013=2019）は、ストリートのスポーツが、メジャーなスポーツ競技へのオルタナティブでもあり、社会の多様化に対応しうるポテンシャルも有する開かれた空間のものであるととらえていた。そして女性にとってそうした空間がジェンダーに対する政治的な「実践」をくり広げる場として活用され、さまざまな境界を越境し、どう変化させる場であるのか観察を試みた。しかし、スケートボードやサーフィンなどをする女性への調査から明らかになった

のは、それらの文化実践の場は、いまだ男性が支配的であり、女性競技者は
ジェンダー、人種、階層、年齢などによる幾重もの排除を経験していることが
わかった。

　スポーツ界やストリートにおいて支配的な規範や構造は、「性別役割分業」
（競技する主体的な男性とそれを手助けする女性という関係）や「異性愛」（両性における
性的欲望の主体と対象という関係）などの要素によって構成される（たとえば、高校
野球における男子野球部員と女子マネージャーまたは試合を応援するチアリーダーの関係）
「ジェンダー秩序」（江原 2001）とも相まって、性別による競技や種目のすみわ
けをつくり出し、スポーツやストリートにおける男性の優位性を一層際立たせ
てしまう。このように、男性支配的な空間への女性の参入は、さまざまな社会
的な規範に対して異議を唱える可能性があるものの、実際にはそうした場は、
ジェンダーを含めたさまざまな権力構造を再生産し、維持する装置となってい
る側面もある。

（3）「ストリート」で踊らなくてもBガールになれる？

①メディアと学校の狭間で揺れ動く、ダンスにおけるジェンダー

　ストリートダンスの根幹はヒップホップという文化にあるとされ、それは音
楽も含めて非常に男性的な領域であるとみなされている。これは、貧困や差
別、犯罪やギャングといった問題と常に隣合わせの社会状況に置かれていたア
フリカ系アメリカ人（黒人）男性らが、それへの対抗という価値観に基づいて
ヒップホップを形成してきたという背景があるからである。

　こうして強く男性性を帯びたストリートダンスは、日本ではいわゆる「不
良」や「社会のはみ出し者」の文化として受け入れられ、また男性的であるよ
うなイメージをもたれてきた。しかし、2012年から中学校体育での武道・ダ
ンス領域の必修化により、ストリートダンスは授業で踊られるようになった。
また近年では、「高校ダンス部」の活躍がたびたびメディアで取り上げられる
ようになり、「踊る学生」の存在が全国的に認知され、ストリートダンスシー
ンは社会に浸透してきている。これらの出来事は、ストリートダンスにおける
今までとは異なるジェンダー構造を示すことになった。

　日本で授業カリキュラムにダンスが取り入れられたのは明治時代からであ
り、ダンス必修化以前まで、男子は武道、女子はダンス、と性別によって学習

内容が規定されていた。というのも、ダンスは、「運動量はじゅうぶんにあり、健康を増し、軽快敏捷で優美な動作、美しい姿勢を保たせるのに効果的で、特に女子の特性を伸ばすのに最適である」（昭和26年（1951）中学・高校学習指導要領）とされていたため、近年まで女子生徒独自の科目として扱われてきたという歴史がある。酒向ら（2013）の調査によると、教員は男女ともにダンスはどちらかといえば女性的なものと見なしていることから、ダンス必修化以前の学校で教育を受けてきた教員の、ダンスは女子の科目という認識は未だ根強くある。

　一方、酒向らが生徒側へ行った調査では、女子生徒は教員同様ダンスを女性的な文化と見なしているのに対し、男子生徒はどちらかといえばダンスを男らしいものととらえており、若い世代の男女間でダンスにおけるジェンダー的な認識にズレのあることが明らかとなった。この理由として、若者を取り巻く2つの文化の影響が大きいと考えられる。

　1つは、学校外の若者サブカルチャーである。若者が学校外で触れているテレビやSNSなどのメディア文化は、男性アーティストらのダイナミックでアクロバティックなダンスをくり出すためのストイックな身体観や、ヒップホップ文化に付随している男性文化的なイメージと、また一方では女性アーティストらのきれいで美しくしなやかな身体イメージとそれを際立たせるダンスのイメージを構築し、彼らのダンス観に作用しているといえる（男性アーティストのそうした姿勢や容姿を女性ファンが支持することによって、男性性がより強化される側面もある。またその逆も然りである）。もう1つは学校で身につく文化や規範である。学校体育で実施される競技や種目が男女で異なることによって、かれらにはジェンダー的な身体観が構築される。これは「かくれたカリキュラム」★（木村1999）と呼ばれ、こうした価値観が当たり前のように学校文化に潜んでいる環境下で、われわれは多くの時間を過ごす。これら2つの文化とさまざまな価値観・規範が複雑に交錯している狭間にいる若者のジェンダー観の揺れ動きをとらえることは、現在の日本におけるダンス文化の場ならではの重要な論点であるといえよう。

　ここまでで、ジェンダーがスポーツやメディア、学校といった文化によって、社会的に構築されているということが理解できたのではないだろうか。こ

うした、人は社会を構築し、構築した社会によって人や現実が構築されるということを、社会学では社会構築主義★という。また、人を何かしらの属性によって分類することで、カテゴリーを社会的に構築する。それはつまり、そうでないものは排除されるというカテゴリー化の暴力であり、それは社会の至る所に存在し、またそれはカテゴリー間にももちろん存在している権力性と不可分ではないことも忘れてはならない。

②ストリート（男子）文化から学校（女子）文化へ

「かくれたカリキュラム」などによって歴史的に構築された学校ダンス文化という空間は、生徒らをどのように規定しているのだろうか。以下では、筆者のインタビュー調査をもとに、学校においてストリートダンスが女子生徒主体の場へと変容している内実についてみてみよう。

まず、筆者が調査した高校を含め、全国の高校ストリートダンス部では、女子部員数が圧倒的に多い（石原 2019, 中村ほか 2013 など）。女子生徒がダンス部に入部した理由としては、「K-POP のアイドルが好きでよく動画見てて、それで自分もあんなふうに可愛くてかっこいいダンス踊れるようになりたいって思って」や、「YouTube でここのダンス部の動画見たことあるんですけど、その時に（女子部員の）先輩たちがすごくかっこよく踊ってるのを見て、私もそうなりたいって思ったから」、またあるいは「ダンスをしたくて小学生の頃から元々レッスンに通っていたこともあって、それもあってダンス部のあるここの高校に進学決めました」とのことだ。学校ダンス部は、自身のメディア経験やロールモデルとなりうる先輩の存在、学校外でダンス経験があったなどの動機をもつ女子生徒らによって構成されている空間であるといえる。

一方、同校ダンス部での調査当時、男女共に人気のあるジャンルの「ヒップホップ」スタイルのダンスジャンルに属している 1 年生 20 名ほどのなかで、男子部員は 1 人のみという時があった。彼について顧問の先生は、「ちゃんとコミュニケーションができるかどうか心配。女子のほうがフリとか覚えるのも早いし、もしかしたら彼はやめてしまうかもしれないな」と懸念していた。男子部員がまったくいないわけではないが、高校ダンス部には女子部員が多いことから、男子部員の疎外感、男子部員不足といった特有の困難がみられた。

また、部とまではいかないが、「同好会」や「サークル」としてダンスを実

践する場を設けている高校もある。ダンス同好会に入っていたことがあるという男子生徒の話では、「ブレイクダンスしたくて同好会に入ったんですけど、女ばっかりやし、みんなK-POPのダンスのコピーしかやってなくて、俺の想像と違ったっすね。やけん俺は同好会やめて普通にストリートで仲間見つけてそっちでやってました」とのことであった。

　このように、女子がストリートを志向しない（できない）構造として、ストリートが女性にとって排他的で、同性の先輩からダンスを教わることが困難であることに加え（田中 2016）、日本女性におけるお稽古文化の延長線上として、バレエやダンススタジオ、体操クラブなどに通うことが考えられる。そうした構造によって、学校内でのダンスの活動の場は、逆に男子にとっては居づらい空間へと組み替えられていることがわかる。それゆえ、男子はストリートへと居場所を求めていき、ストリートはさらに男性的な空間へと意味を強めていくことにつながるのではないだろうか。

　しかしながら、筆者が調査した高校ダンス部では、いわゆる学校文化的なダンスや「女らしい」ダンスではない、男性優位でマスキュリニティ性の高い「ロックダンス」と呼ばれるストリートダンスのジャンルに取り組むBガールも多くいた。彼女たちは女子優位の学校という場から、やがて男性的なストリートの場へと果敢に挑戦していくようになる。つまり、Bガールたちの実践は、その構造を揺るがすことが困難だった男性支配的な文化に対して、交渉するための方法やヒントを示してくれると考えられる。では彼女らはどのようにしてストリートのBボーイたちと闘い交渉していくのか。

> ── ＊話しあってみよう ──
> ・スポーツの競技やこれまでの学校生活のなかで、性別による区別やすみ分けがあるもの・ことについて出しあってみよう。また、それはどのような「男らしさ」「女らしさ」が求められているか話しあってみよう。

2 ｜ Bガールの実践を読み解くために

ストリートダンスをはじめとした、ストリートカルチャーでは、共通認識として誰の競技スタイルや技、センスが一番「イカしている」かを競う「スタイ

ル・ウォーズ」と呼ばれるヒップホップの競争原理・美学が通底している。スタイル・ウォーズはバトル形式で行われるが、この「バトル」と呼ばれる形式は、ポピュラー化によって比較的開かれたオーディエンスを想定して実演される「コンテスト形式」よりも、個人競技的な特性ゆえに「ストリート」性が強く反映される。そこでは、その価値判断をしっかりできる文化実践者／経験者によって構成されたような閉鎖的な空間でなければ、文化的な優劣がつけられない。つまり、そこは「ストリート」の価値観が支配する本格的なストリートダンスの実践の場がくり広げられているといえる。しかしそうした場への参与は、文化実践者・経験者でなければ少々ハードルが高く、ふれる機会も少ないかもしれない。しかし、現在では、ストリートでの実践の様子は、誰でも容易にSNSや動画投稿サイトでアクセスできる。そこで、読者にはそうした動画から、Bガールがストリートダンスの文化とどのような交渉を行っているかを紐解くための視点を紹介していく。

（1）「まなざし」

　ダンスという文化には、踊る者と見る者が存在している。岡田（2020）によると、地位の高い男性が踊り、配下の者がそれを見るという宮廷文化だったバレエは、近代になり一般大衆に親しまれるようになった。しかしヨーロッパなどでは大衆化とともにバレエは女性が踊り、男性が対価を払ってそれを見るという文化に変容していったという。バレエから階級差が取り除かれた代わりに、まなざしを介した権力の行使はジェンダーの差異化へと変容していったのである。フーコー（1975 = 1977）が、「まなざし」というものが単なる見る／見られるという関係のみにとどまらず、そこには常に目には見えない何かによって監視されているかのような権力関係が存在し、その力に基づいて人は自己の行動を規制するというしくみの存在を指摘したように、それはダンスという場に働くジェンダーの権力性を明らかにするのに役に立つ。

　バレエを例にあげたが、学校ダンスもその他のダンスも、男性中心的なストリートダンスとは異なり、たいていダンスを踊るのは女性であり、女性はまなざされる役割とされてきた。人は、ある場や社会、集団から期待される役割を認識し、それにふさわしい行動を遂行しようとする。これを「役割理論」というが、ジェンダーにおいても「性役割」と呼ばれる理論がある。それは私たち

が社会が期待する「男性役割」、「女性役割」を認識し、それに沿った行動をすることにより、性差が社会的に構築されていることを指摘している（井上ほか1995）。社会が求める「男らしさ」「女らしさ」（社会や制度、権力によって構築されたある種のステレオタイプのことを「言説」ともいう）といったジェンダー上の「役割規範」は、それを遵守すれば好印象に受け取られ、そうしなければ逸脱とみなされる、ある種の基準線のようなものとして社会で認識されている。誰かに直接言われるわけではないが、自ずと社会的に構築された基準に従おうとさせられていることこそが、フーコーのいう「まなざしの権力」であり、わたしたちはそれに沿ったふるまい方、ファッション、考え方、言葉遣いなどをするのである。

　ストリートダンスはコンテスト形式やバトル形式として競技されるのが主流であるが、どちらにせよ共通するのは、まなざされることを前提としているということだ。オーディエンスや審査員（ジャッジ）の主観的な感性によってダンスの優劣が評価されるというカルチャー独自の評価基準があるため、競技者はそのまなざしを意識し、いかに他の競技者やチームと差異化し、個性やクールさ、かっこよさを表現するためにみずからをどう魅せるか工夫することが重要になってくる。そうしたものにジェンダー規範はどのように作用しているのか。このような視点から、ダンスする身体やダンスをする場などを細かく観察することで、Bガールがジェンダーの境界や権力と交渉している様相をとらえることができるだろう。

（2）ジェンダーを「する」

　バトラー（1990=1999）は、それまで生物学的な性による身体的特徴としてとらえられてきた「男らしさ」「女らしさ」を、社会的に構築される性役割としてのジェンダーとして導き出されていく「パフォーマティヴィティ」という概念でとらえ直した。「パフォーマティヴィティ」とは、社会に期待される「男らしい」、「女らしい」行為を絶え間なくくり返すこと自体がジェンダーというパフォーマンスをするということであり、それこそが逆に生物学的な性の概念を形成するパフォーマティブ（行為遂行的）な行為となる。つまりバトラーは、ジェンダーというものは常に「する（doing）」ものだととらえた。この考え方に則ると、スポーツやダンスを「する」ということは、競技の実践であると同

時に、ジェンダー的なパフォーマンスを「する」（演じる）ことにもなり、スポーツやダンスがそれぞれもっているジェンダーイメージとその再生産に密接に結びついていることがわかる。男性スポーツ文化のイメージが強いストリートダンスに女性が参入すると、彼女らは「女らしい」とされる身体や価値観から逸脱していると認識されたり、男性が女性的とみなされるバレエなどの領域に踏み込もうとすると、「ゲイっぽい」という「否定的評価」を受けたりするといったことが示すように（岡田 2010）、競技のパフォーマンス実践は「まなざし」の効果とも相まって、それぞれのダンスの文化的特性にみられるようなジェンダーの非対称性の構築に寄与する。

　ところで、ゴッフマン（1959＝1974）は、その場で期待されている「役割」にふさわしいふるまいを演じることを「特定の位置（状況）における諸個人の典型的な反応」と定義し、この役割を演じることによる他者とのコミュニケーションによって、社会が成り立っていると考えた。人は何かしらの役割を担わざるをえないが、それらがすべて自分の担いたい役割であるとは限らず、その場で期待されている役割を演じたくない場合、人はその役割から距離を置いた行動をとることがある。こうしたパフォーマンスを、ゴッフマン（1961＝1985）は「役割距離」と表現した。ある場面、状況における「役割」についてのふるまい方がすでにある程度定まっている場合に「役割距離」を行うと、その行為者は、役割を演じている葛藤や緊張を緩和されることによる余裕や、軽い逸脱によって、人と差異化され、自身を際立った存在として印象づけられることになる。

　技のバリエーションや特性から身体的能力差が顕著に出るとされるブレイクダンス以外では、ストリートダンスのバトルにおいて、男女混戦形式が一般的である。性別による区別がないことから、身体的な差異による不均衡が想定されるなかで、期待された役割から距離を取り、ジェンダーを撹乱させるようなダンスやふるまいといった表現は、ストリートダンスの場や実践者たちにどのように作用するのか。このことは、既述したストリートダンスの評価基準において重要な評価対象点でもあり、Ｂガールの場との交渉実践が顕著な場面でもある。それゆえに、バトルの場での彼女らの身振りと同時に、それに対するオーディエンスの反応にもとくに注目しておく必要があるだろう。

（3）「エンコーディング／デコーディング」

　「メディア」という言葉の言語的意味は「媒体・媒介するもの」である。つまり、ある人からある人へとメッセージを媒介するものがメディアであると考えられる。したがって、電子機器やメディアコンテンツだけでなく、わたしたちの身体のふるまいやダンス、身につけているもの（ファッションなど）も何かしらのメッセージを放つメディアであると考えられる。上述したように、わたしたちのふるまい方、ファッション、考え方、言葉遣いなどは社会的に構築された言説に規定され、ダンスという身体文化も身体感覚を通して個人の感情や社会・文化のあり方を表象している。それらに組み込まれているパフォーマンスや記号からは、たくさんの情報やそれらへの意味づけを読み取ることができる。マクルーハン（1964=1987）は「メディアはメッセージ」と述べたが、わたしたちは、メディアが伝達する意味内容だけでなく、それらが人や社会にどのようなインパクトを与えうるのかということにも着目すべきなのである。

　ホール（1980）は、メディアのメッセージがエンコード（記号化）とデコード（記号読解）の関係で成り立っており、メディアのメッセージは必ずしも送り手の意図通りに伝達されるわけではなく、かといってそこから完全に離れるわけでもないが、受け手のとらえ方によってその意味が構築され両者におけるその意味は必ずしも一致しないことを指摘した。ホールによると、メッセージが効果をもったり利用されたりするには、送り手のメッセージがエンコード（記号化）され、それが社会のさまざまな文脈のなかで意味のあるものとしてデコード（意味読解）されることで効果をもつ。そうして受け手はさまざまなメッセージを構築的に認知し、知覚しているのだという。その際、オーディエンスがデコーディングするスタンスは３つ——「支配的な位置」（送り手の意図通りに読解する場合）、「交渉的な位置」（送り手の意図も認めながらも、対抗的な読解の可能性の余地もある場合）、「対抗的な位置」（送り手の意図に抵抗し、対抗的な読解をする場合）——あり、それによって多様な読解の可能性を示唆したホールの理論は、メディアを通したコミュニケーションが社会的な言説における闘争＝「意味をめぐる政治」がくり広げられる場であることを提示した。

　これらをふまえてストリートダンスのバトルの動画を見てみると、わたしたちは、Ｂガールたちが「まなざし」を意識した上で、パフォーマティヴに構築

したさまざまな表象をまとい、駆使しながらダンスで表現していることがわかる。さらにオーディエンスは、「3つの読解のスタンス」で場面に応じてデコードし、彼女たちのダンスをまなざしている。つまり、Bガールとオーディエンスによる、多様で複雑な行為やプロセスが絡みあって構成されている場としてとらえることができる。では、そのような場でBガールはどのような実践をくり広げているのか。

＊読んでみよう

・ベリンダ・ウィートン著、市井吉興・松島剛史・杉浦愛監訳『サーフィン・スケートボード・パルクール：ライフスタイルスポーツの文化と政治』ナカニシヤ出版、2019年。：ストリートで育まれてきた身体文化は、人々のライフスタイルとも密接に関連したカルチャーとして実践されてきた。本書は、そうした身体文化の空間や言説におけるジェンダー、人種、階層をめぐる文化の政治を、詳細なケーススタディから論じている。またそのようなカルチャーやスポーツの空間を理解するための諸概念も紹介されており、参照すべき視点が豊富である。
・ジュディス・バトラー著、竹村和子訳『ジェンダー・トラブル：フェミニズムとアイデンティティの撹乱』青土社、1999年。：セックスとジェンダーの恣意性を「パフォーマティヴィティ理論」によって問い直し、身体とパフォーマンスの関係について新たな見地を開いた本書は、今なおジェンダー研究に大きな影響を与えており、ダンスやスポーツ研究におけるジェンダーについて論じる際にも大変示唆に富む。

✤ 3 「ストリート」と闘うBガールの実践を分析してみる

さて、筆者が調査した高校のダンス部は、スピーディーな動きからピタッと静止するようなキレのあるスタイルで、アメリカの黒人男性文化をルーツにもつロックダンスと呼ばれるダンスを得意とする部として全国的に知られている。そんなロックダンスを実践する同部Bガールが、高校生を対象としたストリートダンスバトルでBボーイと対戦し勝利している動画（同部の顧問が公式に動画投稿サイトにアップしている）を事例として取り上げ、前節で紹介した視点から実際に分析していこう。

（1）ストリートダンスバトルにおける「支配的コード」

ストリートダンスの「支配的コード」は、ここまでくり返し述べてきた通り、ストリートカルチャーの帯びる男性中心的な文化的価値観である。さら

に、ストリートダンスバトルでは、DJ が流す音楽に合わせて対戦相手と交互にダンスをするが、音楽はあらかじめ決められておらず、流れてきた音楽に即興で踊る点が特徴的である。そこにどれだけダンスの基本的な技術や音楽性、オリジナリティや創造性、相手との駆け引きなどの要素を即興で詰め込めるかを競うのである。バトルで使用される音楽は、黒人音楽由来の4つ打ちや8ビートと呼ばれるダンスミュージックに顕著な一定のリズムがあるものがほとんどである。競技者は、音楽を知っていれば知っているほど曲の展開を予期して、それに合わせて「音ハメ」したりできるので、バトルを有利に運ぶことができる。また DJ も、会場が盛り上がるよう実践者や経験者の間では周知された音楽を流すこともあるため、その場における共通言語的な役割を果たす音楽も、また重要な「支配的コード」である。

（2）「支配的な読解」を裏切るためのジェンダー・パフォーマンス

　まず、B ガールのファッションに注目してみよう。本動画の B ガールは、T シャツにスラックス、上着にオーバーサイズのシャツを羽織り、ベースボールキャップを被ったスタイルである。これは、対戦相手の B ボーイとほぼ同じ見た目である。ロックダンスはディスコ文化にルーツをもつため、テーラードジャケットや Y シャツにスラックス、頭にはハットやハンチングといった比較的フォーマルなスタイルを基調としていることが多く、これは、男性的なファッションに由来していることがわかる。なかには、肩や腹を露出しボディラインがわかるようなタイトな衣装も見られるが、B ガールが男の子たちと同じようなファッションに身を包むことは、ロックダンス文化の「支配的コード」に則った衣装で男性性を帯びさせ、しかしながら女性に期待される格好への抵抗を示す実践であると読み取れる。

　ではダンスに目を向けてみよう。相手の B ボーイの力強いロックダンスに対して、B ガールも同部伝統のパワフルでキレのあるロックで応答していく。バトルでは、場や音楽によって醸成されている支配的で予定調和的な空間を、己の身体表現や世界観によっていかに味方につけるか、時には逸脱することで観る者の期待を（いい意味で）裏切るかが、勝敗の鍵ともいえる。B ガールのダンスは、B ボーイに引けを取らない力強さを示している点では、「女らしさ」から逸脱しているように見えるが、バトルの「支配的コード」に則った展開の

ままでは、Bボーイが優勢である。しかしながら、Bガールは自身の踊りのなかで、腕を鞭のようにしならせたり巻きつけたりするセクシーなダンスを織り交ぜる。これはワッキングと呼ばれるダンススタイルで、元々男性が同性に対して女性らしく魅せるためのゲイ・カルチャーとして発展してきたダンスである。このほかにもジャズダンスやヴォーギング、ガールズヒップホップといった「女らしさ」が強調されるダンスは多々あるが、これらは女性が得意として実践していることが多い。Bガールは、衣装や力強いロックダンスでオーディエンスに対し自身を「支配的コード」上にフレーミングしてまなざすように心得させておいた上で、女性的に魅せるダンスを織り交ぜながら、戦略的にジェンダー的な役割を期待通り遂行し、垣間見せ、Bボーイにはできない魅せ方で差異化を図るため、あえて「支配的コード」を裏切るのである。こうしたBガールのムーブに、オーディエンスも手をあげ歓声をあげて好感触なレスポンスを示し、会場の空気は彼女への追い風となっていく。

　興味深いのは、Bガール同士のバトルにおいてはまったく異なる実践を確認できる場合がある。対戦相手が同じくBガールであった場合、対Bボーイ戦で確認できたジェンダーに基づいた役割やコードの裏切りといった技芸は、戦略として効果的ではないことがある。その際に競いあう要素として持ち出されるのは、力強く「男らしい」ダンスによるマスキュリニティである。つまり、Bガール同士でのバトルでは、女性性を活かした優美でしなやかなダンスではなく、どちらがよりキレやスピード、エネルギッシュさが強調されたダンスをくり出せるかという、スポーツ性・身体性が強まった男性文化的な価値観で競いあう展開もある。

　ここまで見てきた、ダンスにおけるジェンダー的なパフォーマンスや実践は、ある意味では男女の差異を明確にし、ストリートダンスの文化や実践の場におけるジェンダー構造を維持し再生産し続けていることには留意しておいてほしい。しかしながら、Bガールによる役割やコードを巧みに駆使した戦術は、社会的文脈や現場で特定の意味やイデオロギーと結びつくことで、あらたな意味解釈の可能性を生み出し、ストリートダンスでの男性優位なジェンダー構造のなかで、彼女らのアイデンティティやポジションを確保するための重要な交渉実践の事例としてとらえることができるだろう。

＊調べてみよう

・動画投稿サイトやSNS上のダンス動画をいくつかピックアップし、それらの動画の中で性別によって特徴的なふるまいや魅せ方、振り付けがあるか、またそれらがどのようなパターンになっているか調べてみよう。そしてそれらは視聴者にジェンダー的にどのような印象を与えうるか考えてみよう。誰かに調べたダンス動画を見てもらい、どんな印象を受けたかインタビューしてみるのもいいだろう。

4　まとめ：ダンスからジェンダーを考える

支配的コードをふまえつつ裏切るという実践を彼女たちはどのようにして身につけたのだろうか。Bガールにたずねたところ、SNSやYouTubeなどに投稿された他のBガールの動画を参考にしていると述べていた。たしかに現在、ストリートダンスのバトル動画はネット上にたくさんアップされており、優れた成績を獲得していくBガールのバトル動画も多く存在している。そうした、ストリートと交渉する動画内のBガールの実践は、メディアを通してさらに他のBガールたちに闘う術と勇気を与える。それは彼女らにまとわれ、ストリートの空間にインパクトを与えるためのネットワークや機会をつくり上げていく重要な契機であるともいえる。

しかしながら、これまで確認してきた通り、メディアは、一見ポピュラーに見えるスポーツやダンスといった身体文化を通して、特定の社会的イメージを構築したり、ジェンダー不平等な権力関係や構造をも覆い隠してしまっていることにも注視しておかねばならない。

また、ストリートダンスに限らず近年ではダンスをしている人々の投稿がさまざまなSNSアプリで見られる。読者のなかには、そこで投稿されているダンスを、今度は自分たちが実際に真似て実践し、またその様子を自身のSNSに投稿したことがある人もいるかもしれない。その時あなたは、SNSから流れてきたダンス動画からどのような印象を受け取り、どのようなことを意識してダンス動画を撮影し、そしてそれはどのようにまなざされているととらえるだろうか。その際には、本章で紹介したような視点から、踊り方、ふるまい、服装、音楽などに注目して見てほしい。普段みなさんが何げなくやっているダ

ンス動画を介したコミュニケーションが、実はジェンダー構造と深く関係していることが見えてくるかもしれない。

　本章では、ストリートダンスをするＢガールに着目し、スポーツやストリートカルチャーの身体文化において、女性がそれらの文脈のなかでどう位置づけられているのか、そしてそれはメディアや社会の構造とどのように関係しており、それに対してどのような実践で交渉しているのかをみてきた。ここでは主にジェンダーを取り上げ、それに関する社会学的・メディア論的なものの見方、ツール（理論）を提供し検討してきた。しかしながら、ストリートダンスは今やグローバルに展開し、日本でも学校教育で実践されているほど、その様相は実に多様性を含んだ文化であるため、地域やエスニシティ、年代、他文化との影響関係、ダンスのジャンルなどによって、まだまだ多方面からの検討の余地がある領域である。またブレイクダンスに関しては 2024 年のパリオリンピックの競技種目になり、日本では 2021 年からストリートダンスのプロリーグが開催され、今後ますます社会的に注目されるカルチャーとなっていくだろう。そうした社会の表舞台への進出によって、カルチャー自体や競技者を取り巻く諸問題にどのような影響をおよぼすのかについても注視しておきたい。ここで手渡したものの見方やツールを手がかりに、読者のみなさんにはメディアででも現場ででも構わない、今一度Ｂガールたちのストリートダンスをみて読解してほしい。本章を読んだ後には、彼女らのダンスがより一層たくましく目に映るに違いない。

── ＊書いてみよう ──

・スポーツやメディアにおいて、女性がどのように表象され、扱われてきたかを議論している先行研究を取り上げ、身体をめぐる観点からまとめてみよう。また「調べてみよう」で確認したような印象を導く「支配的コード」や、振り付け、音楽、ファッション、アングル、視聴者層、映っている人・場の特徴など、ダンス動画内のさまざまな要素を細かく観察し、動画から受け取れるメッセージや構造について気がついたこと、考察したことを書いてみよう。

（有國　明弘）

「大学に入って、"インスタしてる？"と初対面の時に必ずといっていいほど聞かれます。利用していないと友人とつながる手段がないと感じました。」（メディア社会を学ぶ1年生）「私のフィードは、ファッションにフォーカスした写真はほぼない。全体像の『映え』の方を重視している」（文芸メディアを学ぶ3年生）

　本章では、SNSのなかでも、若い女性たちが主な担い手となっているInstagramを取り上げ、新しい技術とメディア空間の拡大が、ファッションの生成にどのように影響を及ぼしているのか、Instagramを研究することからうかがうことのできるメディアやファッションの変容を考察する。

❋ 1 | Instagram をめぐる新しいコミュニケーション

　「フォトジェニック」という言葉が巷にあふれ、「インスタ映え」が2017年の流行語大賞となり、インスタグラマーがファッションリーダーとされる現在、Instagramからファッションが生成されることに驚く人はいないだろう。Instagramにアップされた身近な知人のファッションを参考に自分が着る服を決めたり、タレントやモデルの投稿を見て、流行っている服やメイクを学ぶなど、ファッション雑誌が果たしてきた役割を、Instagramが担うようになって久しい。Instagramとは、2010年にアメリカのベンチャー企業によって開発された写真や動画共有アプリのことである。2014年には、日本語アカウントが開設。世界でのユーザー数は2018年6月時点で10億人となり、国内では2019年3月時点で3,300万人がユーザーとなっている[1]。国内の年齢別ユーザー数では、10代（15歳以上）の割合は55.9%、20代42.7%、30代38.0%、40代28.5%であり、男女比では、10代から30代において女性約6割、男性4割と、女性のユーザーが多い。閲覧頻度調査（2017）では、1日に複数回閲覧する層は、10代から30代の女性で4〜5割、男性は20代の3割を除き、1割台である[2]。このことから、主要なアクティブなユーザーは、10代から30代の女性であることがわかる。

　Instagramには、簡単に画像を撮影・加工・共有ができ、撮影した写真にフィルターをかけたり、スタンプをつけるなど、編集機能が充実しているこ

と、見たい写真を見つけたり、自分が投稿した写真を見つけてもらう目印となるハッシュタグ機能があること、投稿写真に対して「いいね！」をしたり、コメントを書き込んだり、気に入った投稿者をフォローすることで、見たい投稿をホーム（ニュースフィード）に集め、カスタマイズすることができることなどの特徴がある。2016 年にはストーリー機能が追加され、24 時間で自動的に消える写真や動画の投稿・共有ができるようになり、2018 年には、Shop Now というショッピング機能と IGTV という動画サービスが開始し、機能の追加・改良が絶えず行われている。

　2021 年 3 月現在、投稿されている内容を 13 カテゴリーに分類し、検索が行える機能があり（検索ウィンドウの下に表示されるボタン）、① IGTV（動画）、②旬の話題、③インテリアデザイン、④旅行、⑤建築物、⑥食べ物、⑦アート、⑧美容、⑨スタイル、⑩テレビ・映画、⑪音楽、⑫ DIY、⑬スポーツ、13 種類となっている。13 のカテゴリーがすべて女性を対象にしているわけではないものの、カテゴリーの最上部にサジェストされる 9 点の人気投稿の画像や、ハッシュタグ検索をして、同様に、上位に上がってくる画像を見ると、女性向けのコンテンツが大半を占めており、女性に親和性の高い SNS であることがうかがえる[3]。この状況から、女性をターゲットとしたマーケティングに積極的に活用され、インスタマーケティングと呼ばれるビジネス利用も広まっている。若者が使用する SNS は、Twitter、LINE、YouTube などがあるが、SNS は用途に応じて使い分けがなされており、Instagram が他の SNS と一線を画しているのは、おしゃれで洗練されている写真や流行しているモノがコンテンツの中心を占め、文章ではなく、ビジュアルでコミュニケーションをする点にある。

2 ｜ ファッション・メディアの変遷

　ファッション・メディアの代表格といえるのが衣服である。「メディアはメッセージである」と言ったマーシャル・マクルーハンは、『メディア論——人間の拡張の諸相』(1987)において「すべてのメディアは人間の機能および感覚を拡張したものである」と述べている。メディアやテクノロジーを身体の拡張ととらえ、ラジオが耳の拡張物であるように、衣服は皮膚や身体の拡張であると論

じた。実際、衣服は、着ている人のキャラクターや職業、価値観、姿勢など、その人がどういう人なのかを示す媒体になる。白シャツにストレートデニム、足元はスニーカーのシンプルな格好の人、びしっとスーツを着た人、全身にラインストーンがついたゴージャスなドレスを着た人では、それぞれ異なる印象を抱かせるように、その人の身体を拡張した衣服は、メディアとしての側面をもっている。

　衣服の存在を人々に広め伝えるさまざまな媒体——絵画やイラスト、雑誌、写真、テレビ・映画、インターネット、SNS など——が、ファッションの伝播には不可欠である。ファッションは常にメディアを必要としてきたが、それはなぜだろう。好きな服を好きなように着れば、雑誌や SNS を参照する必要はない。しかし、実際のところ、自分が着る価値があり、ふさわしい服であるという判断を、私たちは外部に求めるものである。欲しい・似合う・ふさわしいといった規範は、われわれに内在しているというよりは、各種のメディアを通して構築されるイメージに依存している。私たちが鏡を見て、自分が着ている服を確認する時、その視線は、目の前の自分自身だけでなく、これまでに閲覧してきたファッションに関するさまざまな情報とのすりあわせにも及んでいる。

　「こうありたい」を求めるファッションを参照するメディアは、女性週刊誌と皇室、映画と映画女優、ファッション雑誌とモデル、テレビとタレントなどという具合に時代によって変化し、メディアに登場するファッション・アイコンも、かつての高嶺の花から、現在は、等身大の人々に変化した。こうした状況は、読者モデルや、ストリートファッション誌が切り開いた展開であったが、SNS の台頭により、着こなしのお手本がインフルエンサーへ代わり、ファッションをめぐるさまざまなルールも変わった（藤嶋 2018）。

　本節では、ファッションの生成において不可欠であり、若者のファッションの参照源の中核を担ってきたファッション雑誌、インターネット、SNS それぞれの特徴を確認した上で、Instagram の登場によって、ファッションをめぐる情報の波及やイメージの共有が、いかに変容したかについてみていく。

（1）ファッション雑誌の変容：雑誌モデル、読者モデル、ストリートスナップ

　日本におけるファッション誌の原型は、江戸時代の小袖雛形本までたどることができるが、現在のファッション雑誌のルーツとなる服飾雑誌としては、洋装化に貢献した『スタイルブック』（1932 年創刊。以下、雑誌名の後に創刊年を示

す）、『装苑』（1936年）、『ドレスメーキング』（1949年）、『ハイファッション』（1960年）などがあげられる。これらは、洋服の型紙がついて衣服の作り方を指導するスタイルブックと呼ばれるものや、パリのオートクチュールなど、欧米の情報を伝達し、洋裁文化を広めるための役割を担ったため、啓蒙的、指導的な立ち位置であり、また、ファッション・モデルという新しいロールモデルを生み出した。

　今日私たちが目にする、誌面全体に写真を多用したファッション雑誌の原型は、1970年代に創刊された『an・an』（1970年）、『non-no』（1970年）など、ビジュアル化された誌面にある。1970年代に入ると、既製服が一般化し、作り方ではなく、衣服の組み合わせ方やメーカーやブランドの商品を紹介する役割が求められた。1960年代に創刊され男性ファッションをリードしてきた『MEN'S CLUB』（1963年）、『平凡パンチ』（1964年）や、女性誌の『an・an』、『non-no』、『JJ』（1975年）などでは、ファッションのみならず若者たちのライフスタイルを、若者たちの目線で伝達した。これらは、平凡パンチや MEN'S CLUB を参考にした「アイビー族」や、an・an や non-no をお手本にした「アンノン族」、JJ の紹介するニュートラやハマトラを身にまとった「JJ ガール」の登場を招いた。

　1980年代には、雑誌の細分化が進み、年齢やライフスタイル、ニーズに合わせたコンテンツが求められ、10代の女性の読者でも、『popteen』（1980年）と『Olive』（1982年）では、ファッションの系統が異なり、同じ女子大生でも、『JJ』に加えて、『CanCam』（1981年）と『ViVi』（1983年）と『Ray』（1988年）とに細分化されるなど、ターゲットを絞った雑誌が登場した。併せて、雑誌専属モデルや、読者モデルといったファッション・アイコンが雑誌のイメージを伝える顔となり、読者の憧れイメージを具現化することに貢献した。雑誌の世界観を読み取り、読者はその雑誌で紹介されるイメージに、自分のファッションやライフスタイルをできるだけ近づけることに腐心し、なりたい自分を構築した。

　1990年代から2000年代初頭には、『SEDA』（1991年）、『Zipper』（1993年）、『egg』（1995年）、『Cawaii！』、『FRUiTS』（1996年）、『mini』（2000年）等の数多くのストリートファッション誌が生まれた。読者モデルや街のおしゃれな若者が誌面に登場し、読者と等身大のアイコンが掲載された。街のおしゃれな若者

たちのトレンドを知る媒体であると同時に、時には自分も声をかけられて雑誌に登場することで、ファッションの発信者にもなるという、双方向型の雑誌となった。このように、雑誌は元来、コレクションや広告などと肩を並べて、新しいファッションを創る立場、提供するメディアだったが、ストリートファッション誌の登場により、雑誌の立脚点、読者の視点が変容した（渡辺 2011）。

（2）インターネット以降のファッション・メディア：情報の迅速性と双方向性

1990 年以降のインターネットの普及により、これまでの雑誌・ブランド・店舗・テレビなどが報じていた情報の多くが、インターネットで閲覧可能となった。結果、ファッション情報の時間差、地域差、限定性、秘匿性は減少し、情報が流布する時間の短縮化、劇的な拡散化という変化がもたらされた。

「流行は 2 年前に作られる」というように、服作りにおいては、実シーズンの 2 年前にインターカラー[4]が発表したトレンドカラーを出発点として、トレンドの方向づけがなされてきた。インターカラーの提案色に則って糸が染色され、テキスタイルが作られ、服の形になり、ファッションショーや展示会で開示されて、受注・量産され、商品が店頭で販売され、消費者が購入するまで、2 年間を要するという流れが一般的とされている（図7-1）。

トレンドカラーを起点としたファッション情報は、カラーの専門家、トレンドアナリスト、デザイナー、ブランドのプレス、編集者やバイヤー、販売員など、

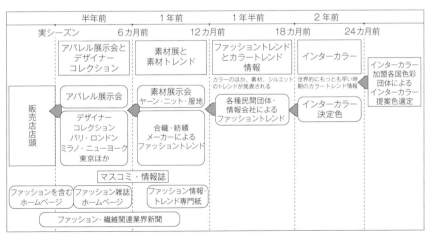

図 7-1　服作りにおけるトレンドカラーの選定から実シーズンまでのプロセス

ファッション業界のプロが情報の担い手であり、発信者であった。ところが、今では、ショーのオープニングと同時に、インターネットの画像や動画に公開され、メーカーやリテーラーは、新しいファッションを発見ししだい、即座に商品化に対応できるようになった。また、H&MやZARAといったファストファッションと呼ばれる多くのブランドでは、数週間で企画・製造・販売する方式がとられ、圧倒的な短サイクル化が進んでいる。他方では、誰かが着ている服の色を新鮮に感じ、ネットで拡散されることで、一般の人々から瞬時に流行色が生まれることもあり、トレンドや流行色の発信源は多様かつ、速いスピードで変化し、トップダウンで展開されてきたファッションの構造にも変化が生じている。

　誰もが瞬時に流行に参画できるようになったと同時に、目に頼る、視覚重視のファッションへの偏重がもたらされた。本来、衣服は、素材や縫製、着心地、手触りなど身体全体でとらえ、良し悪しを確認するものであった。ところがインターネットの台頭により、色や形、価格やブランド、どのセレブが着ているか等、視覚からうかがい知ることのできる項目が判断基準となり、ビジュアル重視、フォトジェニックなものがおしゃれであるという感覚が強化されるようになった。

（3）インターネットとファッションブロガー：主体的な発信者の登場

　雑誌の読者モデルやストリート雑誌のストリートスナップで展開される身近な理想像は、主に、ファッションやヘアメイクの技巧、体型、ひいきのブランドなど、容姿全般に共感したり、なりたい自分のイメージを重ねたりする対象であった。ところが、インターネットの登場により台頭したファッションブロガーは、みずからが発信する主体となり、どこに行って、何を見て、何を写真に収めて、どう考えたのか、ブログにつづられる写真や文章を通して参照できるようになり、ファッション観を提示する存在へと変化した。憧れの幅が、単なる外見を超えて、個人の価値観、その人がもっている世界観としてリスペクトできるか否かに移ったのである。

　ブログはネットさえあれば、誰でも立ち上げることができる。タレント、セレブなどが人気ブロガーとなることも多いが、コンテンツが見る人にとって有益なものであれば、有名・無名に限らず、世界からの関心を集めることが可能だ。たとえば、ファッションブロガーの先駆け的存在である写真家のスコット・シューマンのブログ「サルトリアリスト」（2005年）では、世界の街角で見

かけたストリートファッションを紹介し、一般人が着こなすリアルな服のおもしろさ、その人が着てこそ似合う服の存在感を提示したし、タヴィ・ジェヴィンソンは、11歳の時に始めた自身の個性的なコーディネートを紹介するブログ「スタイル・ルーキー」（2008年）が話題となり一躍有名になった。写真家のアリス・コーエンは、ブログ「アドバンストスタイル」（2008年）で、ニューヨークの60歳以上の魅力的なマダムたちのファッションを紹介し、若さ重視のファッション界に一石を投じた。国内でも、プチプラファッションを紹介したもの、低身長の人に向けたもの、手軽にできるハンドメイドやリメイクを紹介したものなど、多数のブログがあるが、従来のファッション・メディアが提示してきた、若く、美しく、痩せていて、長身で、何を着ても似合うモデルが最新のファッションを紹介するという既定路線のコンテンツのあり方を変えている。さらに、ブロガーそのものが、当人のライフスタイルや考え方とともに、あらたなアイコンとして迎えられるようになった。

（4）SNS生まれの森ガール

　SNS発のファッションが大きな話題となったものに、「森ガール」がある。白のワンピースをはじめ、ナチュラルな雰囲気のファッションを指すが、このスタイルは、mixiのコミュニティに由来する。mixiは、2004年にサービスが開始され、同じ趣味の人たちがつながり、参加者間でコミュニケーションをとることができるSNSとして広まったものである。このなかで、森ガールのコミュニティは、2006年8月に開設され、2009年12月には参加者が4万人を超えるなどして話題を呼んだ。管理人chocoによる森ガールの定義を紹介する。

　　ゆるい感じのワンピースがすき、ナチュラル系にみえるけど、すこしくせのあるファッション、民族系の服装もすき、ボルドー・深緑・紺・茶色など深い色合いがすき、ニットやファーで、もこもこした帽子がすき、ポンチョやボレロがすき、革製のバッグをもちたい、ポシェットとかをつい使ってしまう、懐中時計がすき、動物モチーフがすき、お菓子モチーフがすき、チェックやドットがすき、レトロな花柄がすき、レースがすき、タイツ・レギンスがすき、ラウンドトゥがすき、マフラーもストールもぐるぐるまきにしたい、カフェでまったりするのがすき、カメラ片手に散歩をするのがすき、雑貨屋さん巡りをついついしてしまう、季節は秋と冬がすき（choco 2009）。

以上のように、流行だからではなく、趣味やインテリアなどにも一貫性があり、「森ガール」の世界を共有する仲間たちが、コミュニティに投稿を重ねることで、新しいファッションに輪郭を与えていくという、これまでにない展開であった。

　ファッションは、視覚表現でありつつも、言葉による名づけ・意味づけが欠かせない。その装いがどういうもので、着こなしのどこが特徴的なのか、こうした観点に名前を与えることで、流通可能なものになる。そのネーミングは、かつてはデザイナーや編集者などのプロが命名してきた。ベストをジレと呼び、スパッツをレギンスといい換えるなど、名前を刷新することで、過去の流行を再び蘇らせる工夫がなされてきた。森ガールの場合は、mixi のコミュニティで、「森にいそうな人」から、森ガールという名称が生まれたが、上述の森ガールの定義一つひとつが、ハッシュタグと親和性が高い（「＃ナチュラル」「＃もこもこ」「＃レトロ」「＃カフェ」……）ことからもわかるように、ファッションを説明する言葉も、プロが作るのではなく、投稿者に委ねられるように変化した。

（5）ファッション・ジャンルの喪失と量産型の登場

　ファッションブロガーが話題を集める頃、2007 年のサブプライムローン問題（アメリカの住宅バブル崩壊による一連の世界的な金融・経済危機）を端緒とする景気後退により、出版不況が生じ、ファッション雑誌の休刊・廃刊が続いた。同時に、mixi（2004 年開始）や Facebook、Twitter（ともに 2008 年開始）などの SNS が広まり、一般人の発言力に注目が集まった。中学・高校生くらいまでは雑誌を読んでいて、雑誌が提案するブランドやイメージを理解して商品を買っていた人でも、現在は、Instagram や Twitter などでファッション情報を入手し、ハッシュタグを活用して、「＃高見えコーデ」「＃ootd（outfit of the day の略）」「＃おしゃれさんと繋がりたい」といったキーワードで検索し、上がった写真で服をチェックすることが当たり前という人も多いだろう。

　この状態を、「自分が情報をとりに行き、編集できるので多様で自由だ」、「おしゃれを知る手立てが無限」と感じる人がいる一方で、「自分のフィルターを通してしか服を見なくなるので、可能性が狭まり、結局のところ皆同じ服になる」と考える人もいる。雑誌のページを 1 枚 1 枚めくりながら情報を得るのではなく、あるアカウントのハッシュタグをクリックし、他のアカウントに飛

び火するように次々に渡り歩いていくうちに、「いいね！」がたくさんついて量的な評価がわかるものに惹かれがちとなり、「みんなが良いといっているものを自分も良いと思い込む。一から自分で選ぶのではなく、誰かのお墨つきをみているから、皆同じになってしまう」といった疑問を感じているケースもある。

　これらの結果、これまでに存在していた雑誌のターゲットのくくりである、ギャル系、ストリート系、コンサバ系、モード系など、自分が支持するファッションのジャンルや系統の垣根はみえにくいものになる一方、情報は大量（とはいえ、似たような情報が無数にあるという状況）に入手できるため、ファッションに敏感で、情報を受容する頻度が高い人ほど選ぶ服の同質化が進み、「量産型女子」と呼ばれるという不思議な状況が生まれている。

　元来、ファッションは地域、年齢や容姿、経済力や価値観、服の歴史やブランドの知識、衣服管理の技術など、個人がもっているさまざまな差を表す行為でもあったが、そうした差がフラットになり、ファッションに個性や格差がみえにくくなっている。ファストファッションのブランド H&M が「ファッションの民主化」を唱えるように、スキニー、ガウチョ、ロゴ T など、旬のアイテムが大量に市場に投入されるなかで、どうせ流行ってもすぐ廃れるという思いから、流行離れも進んでいる。「これがトレンドです」というイメージと言説が SNS に流布すればするほど、人々がそのトレンドを「見るだけ」で終わるようになったからだ。

　SNS の普及により、欲しい情報を手繰るように獲得し、「ググるから # タグる」情報行動を説いた天野は、SNS をめぐるコミュニケーションの変化について、ウォルター・ベンヤミンのパリのパサージュ（通路をガラス屋根で覆った商業空間。両脇には流行品を扱う店舗が並び、遊歩する人々の登場を招いた）における「見せびらかし」の機能を引きつつ次のように説明する。「いまや私たちはどこにいようとも、誰かに何かをみせびらかすことができるオプションを手に入れたのである。それまで、私たちはそのような社会的機能——つまり見せびらかすこと、そういったアピールをすること——を都市空間の中で充足させていた。（中略）それがいまや、『都市から SNS へ』と呼びうるような変化が起きており、（中略）見る／見られるの視線はパサージュというステージからオンライン上のプラットフォームに変わり、移ろいゆく遊歩者たちの視線の波は、計測可能なデータとしての『いいね！』へと変化した」と述べる（天野 2017：84）。

こうして、実際のショップや都市の空間ではないオンライン上で、ファッションをアピールしたり、見たり／見られたりするといった、視線のやりとりが積極的に交わされるようになったことで、大きな変化が生じている。たとえば、アメリカのファストファッションのブランドであり、トレンドのアイテムを安価で販売しているフォーエバー21が、2019年8月に破産手続きを進め、2019年10月に日本から撤退することになり、アメリカの老舗百貨店のバーニーズ・ニューヨークがECの台頭や不動産賃料高騰のため破産申請をしたなど、ファッション業界はサバイバルの波が押し寄せている。SNSの登場により、ファッションを提案する方法、選び方・買い方、対象とする顧客層がきわめて流動的になっていることの表れである。さらに、イタリアの高級ブランドであるドルチェ＆ガッバーナが公開した動画が人種や倫理的な価値観に抵触しており「不適切だ」と批判を受け、謝罪や販売中止に追い込まれる[5]などの事態も起きている。SNSが浸透し、情報があまねく拡散され、消費者の意見が表面化しやすくなることで、反応が過剰になり、そのブランドの顧客以外の目にも留まることにより、想定外の意見が寄せられるようになった。ファッションだけの問題ではない。生活用品や家電のCMなどでも、性役割の押しつけであるといった意見や、文化の盗用との批判を受けるなど、炎上する例が跡を絶たない。批判を恐れて、自由な表現にブレーキがかかる問題も生じている。

─── **＊話しあってみよう** ───

・これまで、自分自身のファッションは、何を参考にして決めてきたか、今までをふり返ってみよう。どのような情報が、ファッションを選ぶ時に必要なのか、情報がファッションを作ることの功罪を考えてみよう。また、この節で取り上げたように、ファッション雑誌に加えて、SNSに参照先が広まることで、どのような影響が起こると考えるか、話しあってみよう。

3 ｜ Instagramというファッション・メディア

メディア理論家のレフ・マノヴィッチは、Instagram上の膨大なデジタル写真を分析し、レンズがとらえた画像とInstagramのさまざまな技術を用いて表される視覚的美学を説き、Instagramに投稿される写真をカジュアル写真、

プロフェッショナル写真、デザイン写真の3つに分類した。なかでも、フラット・レイ（Flat Lay：被写体を上から垂直に撮った俯瞰写真）によるデザイン写真にこそ、インスタグラミズムと呼ばれるべき、現代の美学が凝縮されており、美的な視覚コミュニケーションのためのメディウムなのであると述べる（Manovich 2019）。

　Instagramが台頭した背景には、2010年代に入って急激に利用者を増やしたスマートフォンの普及の影響が大きい。ファッション情報の入手方法や購買行動も、スマートフォンが登場する前後では、大きく様変わりした。無料のアプリであれば通信料以外の料金がかからない、誰でも自由にいつでも閲覧と投稿ができる、新しい情報を次々に自在に得ることができるなどメリットがたくさんある。Instagramにおける、ファッション・メディアとしての活用方法は多岐にわたり、憧れのインスタグラマーを観る「ファンサイト機能」があり、メイクや着こなしの指南を受ける「テキスト機能」があり、話題になっているものを調べる「リサーチ機能」があり、欲しい商品を購入する「ショッピング機能」があり、情報交換を行う「コミュニケーション機能」があり、暇な時、ぼっち対策として「おしゃれに手持ち無沙汰が解消できる機能」もある。

　Instagramに投稿される写真や動画は、美しさを目指すために、写したい部分だけフレーミングし、さらに加工が施されている場合が多く、イメージ先行になりやすい。たくさんの投稿からより良い情報を入手しようと思うと、1点1点の閲覧時間は短くなるため、冷静に判断したり熟考したりしなくなりがちである。こうしたことが、みずから考え抜いた判断ではなく、「ほかの人がいいねをしているから、自分も」という、なんとなくの賛同につながり、多数の承認が勝るというトレンド形成が培われる部分もある。また、雑誌や新聞は、興味がない内容でも見る機会があるが、Instagramでは、自分が関心のあるユーザーやインフルエンサー、ブランドや企業を中心にフォローするため、好ましくない投稿をわざわざ閲覧する機会が少なくなり、自分が見たいもの、自分が関心を寄せるものが優先され、望まない情報から遠ざけられる。こうした状況を、イーライ＝パリサーはフィルターバブルと命名し、インターネットで、利用者が好ましいと思う情報ばかりが選択的に提示されることにより、たくさんの情報を得ていると思っていても、思想的に社会から孤立し、偏向が広がる問題を指摘している（Pariser 2016）。

人は自分と似たような人と友だちになりがちであるが故に、個人がもっている社会的なつながりは全体を通じて均質なものになる傾向がある（Boid 2014：270）という指摘にもあるように、Instagram によるフィルターバブルの状況は、これまで雑誌やブランドが提供してきた見た目にわかりやすいファッション・ジャンルへの憧れや模倣、そしてあるスタイルに飽きて卒業するといった、ファッションにおける通過儀礼をみえにくいものにした。このことは、若者ファッションの同質化と関係が深く、流行が広まるスピードが加速化するなかで、一見すると同じようなファッションが蔓延し、同時に同じ服や着こなしが展開されて人と被るという現象を引き起こしている。さらに、個性的な装いを揶揄したり、批判的な書き込みに傷つきたくないために、みんなと同じファッションに安住し悪目立ちしたくないという思いや、ファッションの逸脱を許さない同調圧力といったナイーブな問題が潜んでいることも、SNS 時代のファッションの特徴である。

＊読んでみよう

・レフ・マノヴィッチ著・久保田晃弘・きりとりめでるほか編集 , 訳『インスタグラムと現代視覚文化論——レフ・マノヴィッチのカルチュラル・アナリティクスをめぐって』BNN、2018 年。：インスタグラムに共有された膨大な写真画像の解析とその可視化を行ったマノヴィッチの論考と、写真・デジタルメディア・データサイエンス等の観点から、マノヴィッチの論考を検討した 9 つのテキストが収録されている。
・天野彬『SNS 変遷史　「いいね！」でつながる社会のゆくえ』イースト新書、2019年。：誕生からわずか 15 年あまりで、社会のありようを大きく変えた SNS の変遷を紹介しながら、SNS の社会的意義や可能性について解説したもの。豊富なデータ、理論的なバックグラウンドが整理され、SNS を理解するのに役立つ。
・ダナ・ボイド著・野中モモ訳『つながりっぱなしの日常を生きる』草思社、2014年。：生まれた時からネットがあった若者たちが「つながりっぱなしの日常」にどう対処し適応してきたかについて、当事者たちを対象にしたインタビュー調査をもとに論じたもの。若者のネット活用に関するさまざまな俗説を覆し、そのポジティブな側面にも目を向けている。

---

4 ｜ SNS とファッション

この節では、SNS を積極的に活用している若者の実態調査の結果から、SNS

とファッションとのかかわりについての現状を紹介する。また、調査から浮き彫りになったファッションの参考にしているSNSはInstagramである点や、他者のファッションはよく参照するものの、自分のファッションは積極的に投稿しないことが何を意味するのかについて考察を行った。

（1）若者のSNS利用に関する実態調査から

　若者のファッションやSNSに関する実態をとらえる目的で、2017年から2019年の3年間にわたり、東京都内にある共学の大学および、女子大学の学生702名（女子学生474名・男子学生228名、平均19.0歳）を対象に質問紙法によるアンケートを実施した（実施時期はいずれも7月）。回答者は、筆者が担当する流行やファッション、デザインに関する授業の履修生である。

　ファッションの情報源では、SNSが圧倒的に多い結果となり、2019年の調査では9割に上る。女子の方が、ファッション雑誌およびタレント・モデルな

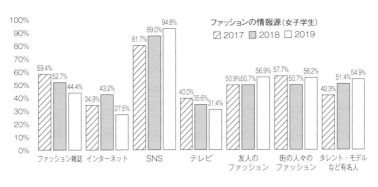

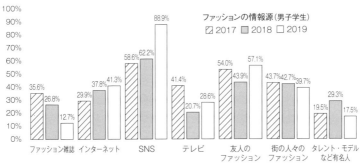

図7-2　ファッションの情報源にしているもの

ど有名人をファッションの情報源にしている割合が高い。各調査年によって回答者は異なり、厳密な経年推移の比較はできないが、ファッション雑誌を参照する割合が減り、SNSを参照する傾向が増加している（図7-2）。

　どのようなSNSを使用しているのかについて、使用頻度を5段階（よく使う・たまに使う・あまり使わない・ほとんど使わない・使ったことがない）で問い、そのうち、「よく使う」に回答した割合を示す（図7-3）。男女ともに、LINE、Twitter、YouTube、Instagramの利用率が高い。男女差のあるSNSはInstagramであり、女子の約8割、男子は約6割がよく使うと回答している。

　ファッションの参考にしているSNSでは、もっとも割合の高かったものがInstagramであった。2019年の回答では、Instagramを使用している女子の9割、男子の8割がファッションの参考源にInstagramを使っている。さらに女子・男子ともに、参考にしている割合が年々増加している。一方、LINEはSNSとしての使用頻度は高いものの、ファッションの参考にはあまり活用されていないこと、ファッション専用SNSであるWEARや着こなしやヘアメイクなどの具体的な方法を動画で確認できるYouTubeにおいて、男子より

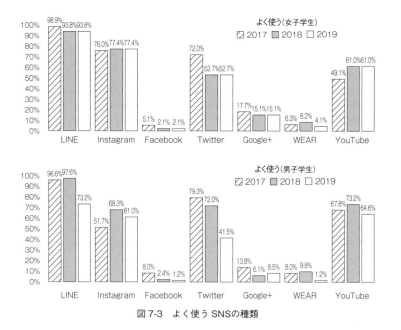

図7-3　よく使うSNSの種類

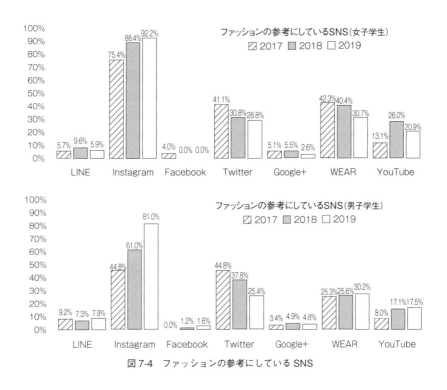

図 7-4　ファッションの参考にしている SNS

　も、女子が参考にしている割合が高い傾向にあり、用途に応じて SNS の使い分けがなされている（図7-4）。
　自分のファッションに関連した写真や動画を SNS に投稿した経験の有無を尋ねると、女子の約 15％、男子は 1 割弱が「ある」と回答し、意外に少ない割合であった（図7-5）。ファッションに関する内容を投稿する学生は少数であるものの、「新しいものを買って、気分があがったとき」「自分を発信したい」「ネイルなど、一定期間経つと無くなってしまうものの記録」「ファッションが好きで楽しくて、それを発信したい」「友達とお揃いのコーディネートをしたとき」「自分のファッションセンスが客観的に見ておしゃれかどうか知りたい」「流行を取り入れていることを友達に知ってもらう」「自分の世界観を共有したい」「インスタをおしゃれにしたい」といった理由で投稿している。
　反対に、SNS に自分のファッションをアップしない理由を尋ねると、「面倒、必要性を感じない」「他人から学びたい、自分から発信するものは特にな

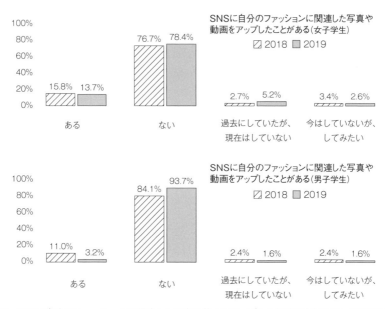

図7-5　SNSに自分のファッションに関連した写真や動画をアップした経験の有無（2018、2019年調査）

い」「ファッションセンスが良くなく、スタイルも悪いため」「自信がない」「画像を加工する時間と気合がない」「他人のSNSを見るだけで十分楽しめる」「写真を撮るのが苦手、自撮りが嫌い」「見る専門」「ネットに自分の写真をアップすることに恐怖感がある」「プライベートを公開したくない」「身バレしたくない」「他人に自慢するかのようにのせる人に対し、嫌悪感を覚える」「自らのファッションをアップする行為をダサいと思う」「自らの承認欲求に気づき、恥ずかしくなった」「服をあげても面白くないし、自慢しているように思ってしまう」「見ている人のことを考えるとなかなかあげられない」「誰の得にもならない」「需要がない」といった回答が得られた。なかでも、「需要がない」という回答が少なからずあり、このことは、投稿の選択権をもつユーザーであると同時に、自分がさまざまなパーソナルデータをSNSに差し出し、あらたな需要を生み出すための商品でもあることに自覚的であることを示している。

（2）服から離れたファッション

　ファッション情報を積極的に閲覧しているものの、自身のファッションの発信はあまりしないという実態は何を意味するのだろうか。まったくの「見る

専」なのではなく、食べ物、行った場所、旅行、カフェ、何気ない日常、風景、建物、花、ペット、自作のイラストやアクセサリー、友人と遊んだ時の写真、染めたばかりの髪、ネイルなど、衣服を中心とするファッション以外の投稿は積極的にしている。こうした現状は、自己表現のツール、個性の表明として長らく首位を占めてきたファッションが、その座を日常の出来事や食べ物、風景やインテリアに譲りつつあることを示している。外見が重宝されるモデルから、自身の価値観を提示するブロガーやインスタグラマーが台頭しているように、ファッションに代わり、ライフスタイルの総体としての自己表現が、よりシェアしやすく、リアリティをもって共有されている。「ファッションは自己表現」から、「ファッションも自己表現の一部」となったと考えることもできるし、ファッションの射程が、服やヘアメイク以外の、より広範囲なものに拡大したと考えることもできる。

　主婦から起業し、10ヵ月で１万フォロワーを獲得し、企業から自社商材の宣伝を依頼されるなどして、人気のインスタグラマーとなった艸谷真由が、「『なんか素敵なアカウント』と思ってもらうには、最初の画面に映る９枚の写真がものすごく大切なのです。プロフィールページに来てくれたその１回でフォロワーになってもらうために、『最高の９枚』を作り込みましょう！」（艸谷 2019）と指南するように、自分の身体そのものを装うという表現を超えて、自分が食べたもの、行った場所、好きな空間、雑貨、かかわりのある友人……それらを、カメラにとらえ、トリミングを施し、フィルターをかけて、Instagram のフィードのイメージを構築することが重要視されている。

　この営みは、ヘアスタイル、メイク、服、靴、バッグそれぞれを選び、自分や時流に合った組み合わせを考える行為と類似している。だから Instagram は、若者、とりわけ若い女性に関心をもたれ、フィードは自分自身の分身として、個性を発揮するメディアと化している。パンケーキやタピオカドリンクは、食べ物であるだけでなく、話題の食べ物を知っていて、そこに行く行動力があり、美しく写真に収めることができるスキルをもち合わせていることを示す道具であり、そうした行為は、服やヘアメイクに創意を凝らすファッションと、機能的には等価と考えることができる。

5 ｜ Instagram をどのように研究するか

　ゼミでの発表や卒論のテーマとして、ファッションと Instagram を取り上
げてみようと考えている方もいるだろう。Instagram のサービスがスタートし
て約 10 年が経ち、さまざまな研究が蓄積されつつある。

　三浦・天笠は、全国の 20 〜 30 代女性 5,442 人を対象に、現代女性の SNS と
アプリの利用実態の分析を行った。その結果、外見から若者の志向や価値観や
階層などの違いを識別できなくなったものの、スマホのなかの観察できない中
身を垣間見ることで、若い世代のなかの「見えない」多様性と格差——趣味や
価値観、性格の積極性・消極性、年収、学歴、雇用形態、結婚など——が見え
てきた（三浦 2019：177）と述べている。ファッションの同質化が進んでいた
り、高価な衣服やブランド品を身につけたりすることがおしゃれではなくなっ
た現在、対象者を外見で判断したり、アンケートで好きなブランドを尋ねてみ
ても、その人の本音や本質が見出せないことがある。こうした問題に対して
は、ソーシャル・メディアを分析することによって、新しい知見が得られる可
能性が広がっている。こうした SNS に関する新しい研究に加え、ファッショ
ン論、写真論、視覚文化論、メディア論などを援用しながら、研究方法や視座
の手がかりをつかんでほしい。

　2010 年代以降の女性たちは、ビジュアルな Instagram をはじめとする SNS
を通じて、どのようなファッションを創り上げていくのだろうか。たとえ卒論
のテーマにはしないとしても、ソーシャル・メディアの担い手として、分析的
なまなざしと、創造的な表現をもって、主体的に関わっていただきたい。

　ただし、膨大なデータをどのように分析するかといった観点や、各人が見てい
るフィードが異なる点、さらには、サービスそのものが絶えず更新しており、し

かも運用がいつまで続くかわからないこと、雑誌のバックナンバーのような閲覧性がないこと、SNSそのものにトレンドがあり、別のSNSにユーザーの関心が移る場合もあり、研究対象となる資料の恒常性が担保できない可能性がある。動的なコンテンツを対象とする場合の方法論を固めておくことが必要である。

＊書いてみよう

・Instagramをはじめとする SNS に関する先行研究を調べて、これまでどのような議論がされてきたかをまとめてみよう。
・Instagram の担い手としての立場から、自分で写真をアップした時や、フォローしている人の写真を見た時の気持ちや、フォロワーの態度などを客観的に観察して、気がついたことや考えたことを文章にしてみよう。

（渡辺　明日香）

【注】

(1) 株式会社ジャストシステムが運営する「Marketing Research Camp」が実施したモバイル＆ソーシャルメディア月次定点調査（2019年2月）による。
(2) 国内の Instagram のユーザーの年齢別および、男女比のデータは、株式会社ガイアックスが運営する「ソーシャルメディアラボ」が実施した調査（2019年2月）による。閲覧頻度調査は、同ソーシャルメディアラボが実施した調査（2017年11月）による。
(3) 人気投稿は、Instagram 独自のアルゴリズムに基づき、ユーザーに関連したアカウントが優先的に表示されるため、ユーザーが異なれば、人気投稿の上位に上がる画像も異なる。このため、実験的に Instagram の新しいアカウントを取得し、上位画像を検索した結果、女性向け画像が多くを占めていることを確認した。
(4) インターカラー（International Commission for Color, 国際流行色委員会：通称インターカラー）は、1963年に発足したパリに本部を構える国際間で流行色を選定する唯一の委員会。2020年現在、日本を含めた17ヵ国が加盟国となっている。
(5) 2018年11月に、ドルチェ＆ガッバーナが、中国・上海で予定していたファッションショーをPRするため、中国向けに配信した広告動画に出演しているアジア系の女性が、箸でピザを切ろうとしたり、スパゲティを巻いて食べるなどし、その表現が差別的で不適切と問題視され削除されたことに対し、ブランドの創立者が中国を侮蔑する発言を友人にしたとして、予定していたファッションショーが中止に追い込まれた。ドルチェ＆ガッバーナは謝罪動画を公開したものの、中国すべてのECから同ブランドの商品が消えた。ほかにも、「プラダ」が2018年12月に、ギフトコレクションとして販売したマスコットが、肌が茶色、分厚く赤い唇が特徴的であったために批判が募り、販売が中止されることもあった。

アート（美術）というと、リベラルで華やかで知的、というイメージがあるかもしれない。しかし実はそうではない。海外の研究では「リベラル」で「多様性を重んじる」といったイメージをもつクリエイティヴ産業においては、実際のところ「ジェンダー化された不利益のパターンと排除」が存在することが明らかとなっている（Hopper 2015）。そこで本章では日本における同種の問題を、具体的なデータに基づいて紹介する。なお、本章で「アート」、「芸術」と述べる際、とくに美術分野を指す。ただし本稿で述べている問題は、現在までの観測では音楽、演劇、ダンス、映画等の隣接分野にもある程度共通して見られるものである。

ゲリラ・ガールズ（Guerrilla Girls）というゴリラのマスクをかぶった匿名のアーティスト集団がいる。ゲリラ・ガールズがニューヨークで結成されたのは1985年で、今から30年以上も前のことだ。ゲリラ・ガールズはアクティヴィスト的な手法で活動し、「女は裸にならないとメトロポリタン美術館に入れないの？（Do Women have to be naked to get into the Met. Museum ?）」と書かれた作品を発表した。美術館というある種の「権威」に認められた芸術家の女性比率の少なさと、逆に客体として、作品のうちに存在する女性の多さ。そのジェンダー不均衡を指摘した作品である。この作品には複数のヴァージョンがあり、1989年版では近代美術のセクションでは5％以下のアーティストが女性だが、85％のヌードが女性だったと書かれているが、2012年版では同セクションの女性アーティストは4％以下となっており事態は良くなっていないことは興味深い。この問題は、2020年6月に公開され、いわゆる「炎上」した「美術館女子」企画における問題とも通じる。当該の企画は美術連絡協議会と読売新聞オンラインの共同企画であり、その第1弾ではアイドルの小栗有以が東京都現代美術館を訪れた様子が掲載されていたが、小栗は観客として美術館に訪れている設定であったのにもかかわらず、単に被写体として「見られる存在」としてのみ表象されていたのである。本企画は見直されることになった。

2019年に開催された国際芸術祭「あいちトリエンナーレ」の芸術監督に就任した津田大介は、「男女平等」を掲げ作家の男女比を同様にすると発表し、大きな話題を呼んだ。津田は2018年の東京医科大学における女子受験生減点問題や、救護をした女性を土俵から排除した大相撲の例をあげ、「そもそも日本に根本的な断絶として存在する『女性差別』に向き合う必要があると痛感しました」（竹下；津田 2019a）と語った[1]。

本章では、表象と構造の両面から、日本美術界におけるジェンダーをめぐる問題とこれからの課題について明らかにする[2]。

文献・語句解説
← 関連情報

1　日本美術界のジェンダーをめぐる問題
　　　　：教育という視点から

　日本美術界の代表的な雑誌である『美術手帖』のウェブ版に発表した調査
(2019) で筆者は、受験者数の多い5つの美術大学（東京藝術大学、多摩美術大学、
武蔵野美術大学、東京造形大学、美大 A［匿名希望］）と、各美大と同程度の偏差値の
一般大学である関東学院大学、首都大学東京（現東京都立大学）を比較した[3]。
結果、もっとも女性教員と女性入学者の割合の差が大きかったのは、東京藝術
大学で 55.2 ポイント、もっとも小さかったのは関東学院大学で 1.9 ポイントで
あった。美術大学は教員と学生の割合の差が 40 〜 50 ポイント台であるのに対
し、一般大学では調査したうちではもっとも差が大きかった首都大学東京（現
東京都立大学）でも 19％にとどまった。

　このように高い地位にある教員に男性が偏って多く、低い地位である学生に
偏って女性が多いという環境では、教員と学生という圧倒的権力差とジェン
ダーの属性が一致してしまうためステレオタイプの固定化やその押しつけが起
こってしまう可能性がある。女性の学生にとってのロールモデルが少なく、さ
らに、ジェンダー構造に起因するハラスメントに対して脆弱になってしまうお
それがあるといえるだろう。

　さらに、全国 55 の美術館正規職員（学芸員および館長）の割合を調査した[4]結
果、総務課職員の男女比がもっとも均等に近いものの、学芸員は女性の占める
比率が 74％とかなり大きくなっていることが判明した。さらに館長になると
男性の占める比率が 84％と、学芸員と比べても男女差が大きくなり、また比
率が逆転している。どの職業においても同様であるが、組織の末端には女性比
率が大きく地位が高くなると男性比率が大きくなる傾向が表れている。しか
し、学芸員の女性割合の大きさを考えれば、館長クラスのジェンダー比率も再
考すべきではないか。総合すれば美術界には女性のキャリア形成をめぐる障壁
が存在することが指摘できた（竹田　2019）。

　同様に、津田は子育てや結婚を理由とした離職から 40 代の女性作家の層が
薄いことを指摘している。さらに、前述したように高い地位にいる男性が多い
ために、教員やギャラリストとの力関係において、女性作家は構造的に弱い立

場に置かれていると述べる。津田はこうした統計的データの集計に加えて、美術関係者へのインタビューも実施しており、次の一例にみられるように構造的問題から起因するハラスメントが多発している状況がうかがえる（津田　2019）。

> Cさん／女子美卒のインタビュー
> 大学時代、男性教授と作品性について話し合うなかで「そんなこと言うなら脱げないと説得力ないぞ。そこまでの覚悟ももってないで、そんなこと言うのか？」と言ってきて、つい私もそれを疑わず言われるがままにヌード写真作品を提出してしまった。今、考えれば無視しとけばよかったのに、あのときは教授の言うことは真実だと思っていたから。（津田　前掲書より抜粋）

　大学教員は学生のキャリア構築の上でのキーパーソンとなることも多いため、学生が今後のキャリアパスを考え、ハラスメントをされたとしても訴えるのをあきらめてしまうという心情は想像に難くない。ジェンダー構造的に女性が弱い立場に置かれがちであることは、日本社会全体でも同様の傾向にあるが、美術界においてはその傾向はより強いと推測できる。その大きな要因のひとつとして、戦前の女子美術教育と、戦後に女子美術教育が「消された」形で見せかけの平等が達成されたことが考えられる。山崎明子（2010；2013）は、戦前の女子美術教育について教科書の図像など視覚資料も参考にしつつ、調査している。山崎によれば、戦前の女子美術教育はそもそも独立した芸術家を育成するものではなく、子どもの情操教育のため、家庭の飾りつけのための「良妻賢母教育」を基盤になされていたという。山崎がとくに注目しているのは刺しゅう・編物などの「手芸」である。それは戦前の女子美術教育においては「女子の美術」と限定した場合においてのみ、絵画・彫刻と同等の位置づけにあった。しかし同時にそれは男子の「美術」からは排除されたものであった。つまり美術教育の場において、手芸的な造形活動は「美術」として女性に課され、それを行うことにより女性の造形活動は「美術」ではないと位置づけるダブルスタンダードな論理構造をもっていた。戦後、女子美術教育が「消された」形で女子は男子と同等の教育が受けられるようになったのであるがこの格差は温存されているままであると山崎は結論づける。

2 ｜ **アートワールドの労働問題**

　芸術家ヨーゼフ・ボイスはかつて「すべての人間は芸術家である」と言った。これは、資本主義社会に対する警鐘であり、ボイスはお金ではなく人間のクリエイティヴィティ★こそが経済を動かす資本だと唱えた。しかし、リチャード・フロリダらが述べるように、脱工業化社会★である今日では生産品そのものを、イメージ、価値観、思想、ライフスタイルといった文化的要素から切り離せなくなった。そしてクリエイティヴィティの供給者こそが、経済の推進力であると考えられるようになってきたのである（Florida　2002）。すなわち一般的な働き方の方が、芸術家的な働き方に近づいており、のちに述べるように労働者は感情や情動を切り売りしながら賃労働を行う事態となっている。

　美術関係者の労働とは、アーティストだけではなくキュレーター、マネージャー、ボランティア、スタッフなど多様な人々によって成り立っている。詳しく述べると、アートスペース、美術館などの文化施設や財団の職員、指定管理者や受託団体の社員、NPO 職員、個人事業主などさまざまであり、雇用形態も常勤雇用、非常勤雇用、事業請負などで一様ではない（吉澤　2014）。しかしその労働環境は総じてきわめて過酷であるといえるだろう。

　NPO 法人アーツ NPO リンクは 2016 年（配布数 4,272、有効回答数 527）と 2006 年（配布数 1,742、有効回答数 194）に日本のアート NPO の労働実態に関する質問紙調査を行っている。2016 年の調査において、正規・非正規雇用を含む有給職員の平均値は 136.8 万円、中央値は 114.8 万円であった。2006 年の調査では有給職員の年収平均値は 142 万円、中央値は 120 万円であったので、10 年のうちに状況は悪化していることがわかる。

　日本における労働者の給与についていえば、国税庁長官官房企画課「平成 30 年分民間給与実態統計調査結果について」第 5 表「1 年を通じて勤務した給与所得者の 1 人あたりの平均給与」によると、2018 年度の平均給与は男性が 545 万円、女性が 293.1 万円で女性は男性の 54％ ほどになる。さらに非正規雇用に限ると男性が 236 万円、女性が 154.1 万円となる（国税庁長官官房企画課 2019）。したがって芸術関係者の労働状況は、総じてそれ以外の労働者よりも悪いといえるだろう。

社会学者の吉澤弥生は、2012年から『若い芸術家たちの労働』に関する報告書を3冊出版しており、日本、イギリス、フランスの芸術関係者にインタビュー調査を行っている。吉澤によれば、美術関係の仕事は非正規雇用などの不安定労働が多いという。また経験上現場スタッフには女性が多く、大学の芸術系学部は女子学生が7割を占める。しかし立場が上になるほど男性が多い。この権力関係から生じるセクハラやパワハラの例も聞いたと吉澤は指摘している（吉澤　2017：104-107）。

　また、このような労働実態は、日本の労働におけるジェンダー構造をより先鋭的な形で表しているといえよう。日本はよく知られているように、1980年代に中曽根政権主導のもとに、大規模な民営化を推し進めてきた。しかし、この自由主義的な改革は、労働市場の規制緩和を通じて外部労働市場を活性化させる方向には向かず、日本の「男性型働き方」は持続し、女性の労働力参加は進まなかった（筒井　2015）。『令和2年版厚生労働白書』によると、2019年の非正規雇用[5]労働者の割合は全体で38.3％であるが、女性56.0％、男性22.9％で33.1％もの違いがあり、女性の半数以上が非正規雇用労働者であることがわかる（厚生労働省　2020）。日本の労働市場は女性に対してきわめて厳しいものとなっている。小泉政権時において派遣労働の規制緩和が進められ、これまでは無期雇用の一般職女性が担当していたような業務を有期雇用の女性が行うようになった。女性は労働力の「調整弁」とされ、結果として非正規雇用が拡大したのだった（東洋経済新報　2017）。

　しかし、男性にとってもこの傾向は他人事ではない。1989年と2019年のデータを比較すると，男性、女性ともに非正規雇用者は増加傾向にある。女性の方が非正規雇用者が多い傾向は同様であるが、男性非正規雇用者は8.7％（1989年）から22.9％（2019年）へ増加しており、2019年には男性の5人に1人以上が非正規雇用であることがわかる（厚生労働省　2020）。かつて日本型雇用の典型例といわれていた終身雇用制は、もはや維持できなくなってきているといえるだろう。

　吉澤は芸術に関わる労働はそもそも「女性的」であると述べる。なぜならば、自身の感性、感情などの能力を「資本」として24時間体制で切り売りすることが求められており、その大部分は非正規雇用の女性労働者で占められて

いたからだ（吉澤　2017）。男性正規雇用者を基準として設計されている社会保障制度は、もはやそれらの者たちを包摂できていない。芸術に関わる労働が、現代日本における労働問題を先鋭的に示しているとした根拠は以上である。

　アンジェラ・マクロビーは著書 *Be Creative* において、クリエイティヴであらんとすることに関する弊害を述べている。クリエイティヴたらんとすることは、若者には魅力的にみえる統治性の形態である。クリエイティヴたらんとする人々は脱政治化されており、ネオリベラル（新自由主義的）な資本主義にからめ捕られている。それは同時に社会保障を切り下げ、安定した雇用を否定しみずからをあやうい生 precariouslife へと追い込んでいく。そしてカルチュラル・スタディーズの教育自体も、それらの構造に加担してしまう可能性が高いとマクロビーは考えている（McRobbie 2016）。ヨーゼフ・ボイスはかつて「すべての人間は芸術家になれる」といった。しかし今や、一握りの成功者を除けば、芸術家あるいは芸術関係者でい続けることが非常に困難な時代であるといえよう。

　つまり、クリエイティヴであろうとする風潮は近年の若者に蔓延しているが、現在の労働環境はますます悪くなり、そのなかでも女性は非正規雇用が多く低賃金である。また、そもそも「女性的」といわれるように、不安定で低賃金、自分の感性を切り売りする傾向のある労働条件はそのほかの労働と比べきわめて厳しい。

　＊話しあってみよう

・芸術教育分野におけるジェンダー格差について、他の分野（たとえば「医学」「文学」など）と比べてどう思うか？　事例をあげながら話しあってみよう。

・芸術をめぐる労働は、それ以外の労働と比べてどのような特徴があるか、また類似点があるか、話しあってみよう。

---

 3 ｜ 日本美術界におけるジェンダーをめぐる動き

　欧米においては、1970年代から美術史研究に芸術の社会史が取り入れられ、欧米、白人、男性中心の美術史に批判が寄せられた。当初行われたのは、女性芸術家を「発掘する」動きである。その後、リンダ・ノックリンが1971年に画期的な論文「なぜ女の大芸術家は現われないのか？」を著し、美術史に名の

残る女性芸術家が少ないということをいったん認め、ではどのような排除と包摂の構造があったのかを解明した。また、ロジカ・パーカーやグリゼルダ・ポロックが『女・アート・イデオロギー』(1981 = 1992) や『視線と差異――フェミニズムで読む美術史』(1988 = 1998) で示したように、アーティストであった女性の活動を、単に既存の美術史のなかに位置づけることのみであってはならず、同時に、既存の図式を解体することが必要となる。さらに、女性アーティストには本質的に同様の特徴があるとして、主流の歴史、枠組みから隔離／排除することも行ってはならないことであるとされた (ポロック 1998 : 93-95)。

　欧米における 1970 年代からの流れからすれば遅いが、日本においても 1980 年代終わりからポロックやパーカーの前掲書が訳されるなど、注目を浴びていた。ポロックやノックリン、パーカーの課題を引き継いだ形で 1990 年代からはジェンダー／フェミニズムをテーマにした展覧会やシンポジウムが相次いで開催されていた。1995 年にはイメージ＆ジェンダー研究会が創設され、ジェンダーをめぐる美術研究者の育成を担ってきた[6]。その後「ジェンダー論争」といわれる、美術館や美術史学のあり方をめぐって一連の論争が 1997 年から 1998 年にかけて巻き起こった。発端は 1996 年から 1997 年にかけて開催された、いくつかの展覧会を取り上げ、毎日新聞学芸部編集員の三田春夫が『LR』誌 3 号 (1997) にて反応したことであった (千野　1999)。この時代は、日本社会全体でもバックラッシュと呼ばれる、反フェミニズムの動きが強く、ジェンダーを扱うことに対する壁が存在したのではないかと考えられる。

　しかしとくに 2010 年代になってから、ジェンダーに関して積極的に発言するアーティストや美術関係者が増えてきていることを実感する。2014 年末にあるアーティストがセックスワーカーを無断で被写体にしたことで Twitter を中心に議論が巻き起こり[7]、2016 年 1 月にもアーティストがギャラリーにデリヘル嬢を呼ぼうとしたことで、議論が白熱した[8]。冒頭で指摘した「美術館女子」企画は世論の反対を受けて見直されることとなった。このように、少しずつジェンダー／セクシュアリティに関する議論が巻き起こる機会が多くなってきた。議論すらなされなかった時代があるのだから、楽観視するならばこれは進歩といってよいだろう。

　近年になってますますジェンダーに関する動きは高まっており、2020 年 8

月に東京藝術大学美術館陳列館では『彼女たちは歌う』展（2020年8月18日～9月6日）が開催された。10月からは、美術界のジェンダーをめぐる問題について取り組んできた匿名アーティスト集団ゲリラ・ガールズの展覧会『Reinventing the "F" word: feminism!（「F」ワードの再解釈：フェミニズム！）』展（11月10日～20日（ZONE）、10月28日～11月28日（Cafe & Bar KAG））が岡山県倉敷市で開催された。同じく10月より、ジェンダーの視点から日本史・生活史を再構成した『性差（ジェンダー）の日本史』展（10月6日～12月6日）が千葉県佐倉市の国立歴史民俗博物館にて行われた。今後、森美術館では世界各地で活躍する70歳以上の女性アーティストに注目した『アナザーエナジー』展が来年4月より開催予定である。美術館では2020年に横浜美術館、森美術館にそれぞれ女性の館長が就任し2021年度からはさらに金沢21世紀美術館などに女性館長が就任すると発表されている。

　芸術創造環境の改善を目指して筆者が2019年6月に立ち上げたEGSA（Education for Gender and Sexuality for Arts）JAPAN[9]についても述べさせていただきたい。筆者は芸術に関わる仕事をしていくなかで、芸術分野のジェンダー不平等やハラスメントの被害について内うちに耳にする企画が多くなっていたため、自分でも何かできないかと考え、研究以外でも自分ができる範囲で社会還元ができる「装置」をつくりたかったのである。「教育」に焦点を置いた理由は、筆者の「本業」のひとつも教育なので比較的身近で、役立てる可能性が高く、かつ効果も高いと考えられたためである。EGSA JAPANでは、これまで活動されてきた方々へ敬意を表しつつ大学におけるジェンダー／セクシュアリティ教育推進を行うべく、シンポジウム等を行い、大学外でもジェンダー／セクシュアリティについて学べるシステムを創設したい。定期的に対面またはオンラインで集まる「場」を設けること、政策提言等を目指している。2020年8月23日には第一弾のE-ラーニングがリリースされ、また2021年2月号の『美術手帖』には「芸術分野におけるハラスメント防止ガイドライン」を執筆することができた。本ガイドラインには強制力はなく、実際に大学などの組織に所属している者はその組織における基準に従うことになるだろう。ただし、ハラスメント防止ガイドラインは、芸術分野における「価値観」や「慣習」の変革を目指している。美術界に対して影響力の大きいメディアに掲載で

きたことは、世論形成の上でも意義が大きいだろう。

─── *読んでみよう

・熊倉敬聡・千野香織（編）『女？日本？美？新たなジェンダー批評に向けて』慶應大学出版会、1999年。：日本を中心とした美術分野におけるジェンダー／セクシュアリティの視点からの論考が多く掲載されている。いわゆる「ジェンダー論争」についても書かれているので、詳しく知りたい方は読むとよいだろう。

・北原恵『攪乱分子＠境界　アート・アクティヴィズムⅡ』インパクト出版会、2000年。：世界のフェミニスト・アートの基礎知識を得る上で、わかりやすい文献。この分野に興味のある人は基礎文献として読んでおこう。

・山崎明子「美術教育をめぐるジェンダー・システム」池田忍；小林緑（編）『ジェンダー史叢書4　視覚表象と音楽』2010年、明石書店。：本章で言及した、日本の美術教育におけるジェンダーをめぐる構造についての論考。ジェンダーの視点からの美術教育に関心のある方は読んでみよう。

・竹田恵子『生きられる「アート」──パフォーマンス・アート《S/N》とアイデンティティ』ナカニシヤ出版、2020年。：芸術実践におけるジェンダー／セクシュアリティをめぐるアイデンティティの構築とコミュニティの醸成に関する研究書。芸術と社会がどのように関係しているのか、といった問題系に興味のある方は読んでみよう。

 4 ┊ 未来を創造するガール・アート

　前節までにみてきたように、日本美術界の構造レベルではジェンダーに関して非常に厳しい状態が続いているものの、とくに近年、ジェンダーをめぐる動きがますます高まっていることを述べた。表象においても、第三波以降のフェミニズムの視点からみて意欲的な作品が登場しているため、紹介したい。Sputniko! は「ムーンウォーク☆マシン、セレナの一歩」（2013）（図8-1）で「女の子のばかげた夢」のようにみられかねない、月面にハイヒールの靴跡をつけるという夢に真摯に取り組む少女を描いた。背景には、実際の少女によるアマチュアサイエンスでの快挙がある。「ムーンウォーク☆マシン、セレナの一歩」で示されたような、（一見馬鹿らしい）夢こそ、人類の科学的な可能性を押し上げてきたのではないだろうか。

　2015年に結成された明日少女隊（Tomorrow Girls Troop）[10] は、アノニマスなアーティスト集団で国際的な活動を続けている。冒頭に紹介したゲリラガール

ズへのオマージュから、兎と蚕をモチーフ[11]としたマスクをかぶり、アクティヴィズム的な手法で、しかしポップでかわいらしさのある表現を行っている。その一例としては、辞書『広辞苑』の「フェミニスト」「フェミニズム」の表記を変える活動を行う「広辞苑キャンペーン」いうもので、キャンペーン用の歌やPVが作成された。実際『広辞苑』新版の定義が書き換えられるなど、成果を上げている。筆者が隊員に行ったインタビューによると、明日少女隊がピンク色や「少女」といったモチーフを多く使うのは、日本で性的な意味づけがなされてしまった「少女」や「年配の男性が考えた女性が喜ぶ色だからダサい」とされたピンク色を取り戻すという意義がある。良くない意味づけがなされてしまった言葉を捨てるのではなく、くり返すことにより意味づけを変化させていくという戦略である。明日少女隊がInstagram、FacebookやTwitter、noteなどありとあらゆるソーシャル・メディアを駆使するのも、前述したような言葉を取り戻す意思に関連している。隊員が当初インターネットで「フェミニスト」という言葉を検索した際、ミソジニストがフェミニスト像を誤解し、憎悪をまき散らすようなサイトしか表

図8-1 Sputniko!「ムーンウォーク☆マシン、セレナの一歩」(2013)より主人公が憧れるヒーロー

図8-2 明日少女隊「忘却への抵抗」(2019)

示されなかったそうだ。以降、明日少女隊はありとあらゆるメディアを駆使しながら、言葉を取り戻そうとしている（尾崎翠氏へのインタビューより　2021年3月18日）。

これらの活動には「少女」をフェミニズムの担い手として大々的に認め、「ガール」と呼ばれることをいとわない第三波フェミニズム以降のフェミニズムと共通する視点があるようにも思える。第三波フェミニズムは、第二波までの、選挙権、労働や政治の分野の権利獲得だけでなく、SNS などのソーシャルメディアやネット空間、ポピュラーカルチャーにおける闘争に着目した。

🦋 5 ｜ ま と め

　筆者がこれまでに述べてきたことから、日本の美術界の構造の面はジェンダー平等にほど遠いものの、それを目指す動きも起こっており、表象の面でも興味深い事例が出てきつつあることがわかってきた。導入部分では、30 年もまえから指摘されてきた女性の客体化という問題が、いまだ変化していないという状況があること、さらに、第 1 節では日本美術界において教育、キャリア形成の面で女性に非常に厳しい側面があることを統計データより指摘した。そして第 2 節に見られるように、もともと不安定な労働状況が常態化していたアート界においてはおそらく一般社会よりも先鋭的にこのような状況があったであろう。しかし、前節で紹介したようにジェンダーをめぐる動きが再び活発になり始め、表象の面では第三波以降フェミニズムの視点から、非常に興味深い作品が創作されていることも明らかである。筆者が立ち上げた EGSA JAPAN やそのほかの新しい動きにおいてもそのような流れを促進させると考えられる。これは、近年の「ポストフェミニズム」（第 1 章参照）といわれる状況に抗い、差別に抗う者の（ゆるやかな）連帯を再び模索する上でも重要であると考える。

＊調べてみよう

・日本美術界のジェンダー格差はきわめて厳しいことがわかったが、変化は現れてきている。筆者があげた事例以外にも調べてみよう。

・前節であげた参考文献や、先行研究をもとにして日本美術界においてジェンダーをテーマにした展覧会やシンポジウム、研究がどのように行われてきたかまとめてみよう。

＊書いてみよう

・先行研究や本章を参考にしながら、日本美術界の構造を変えるにはどのような方策が

（竹田　恵子）

【注】

(1) 結果、あいちトリエンナーレに参加する 74 組のアーティストのうち男女混合グループを除き、女性は 32 名、男性は 31 名という割合となった。

(2) なお、本章において「女性」と述べる際、出生時に割り当てられた女性のみに限定するつもりはない。しかしながら統計資料においてはいまだに「男性」「女性」の 2 項しかデータが存在しなかったため、トランスジェンダーの存在については言及できなかった。これを後の課題としたい。

(3) 調査対象の美術大学は全国受験者数の多い上位 5 校としたため、首都圏に偏りがある点は指摘しておく。また、統計的なデータが存在しなかったことからトランスジェンダーや X ジェンダーの学生比率について加えることができなかったことを本章の限界であるとして提示し、今後の課題としたい。アンケートと調査によってデータを得られた年度は不揃いであったため、本章では近年の傾向を調査する場合、すべての大学でデータが揃う 2016 年度以降のものを用いることとした。教員に関しては、美術大学・一般大学ともに助手は含めず、正規雇用の助教、講師、准教授、教授について調査し、2018 年度のデータを用いている。

(4) データは 2019 年 2 月に、ウェブ版美術手帖編集部によるアンケートによって取得したものである。

(5) 非正規雇用の定義は、政府の調査においてもあいまいであることが指摘されている。非正規雇用の形態としてパート、アルバイト、派遣労働などがあげられるが、日本の政府統計による非正規雇用の定義は大まかにつぎの 3 つの系統が存在する。①労働契約期間による区別、②職場での呼称による区別、③労働時間による区別である（神林 2017：151）。

(6) イメージ＆ジェンダー研究会のウェブサイトを次に示す。https://imgandgen.org/

(7) 問題となった作品は、2007 年から 2008 年に開催された『日本の新進作家 Vol.6 Still/ Arrive』（東京都写真美術館）の一部、大橋仁の作品であった。2015 年に大橋はこの展示に関して弁明と謝罪を行っている（http://blog.ohashijin.com/?eid=1091054）。

(8) この件に関しては、当事者の視点からネット上で「私の怒りを盗むな（http://dontexploitmyanger.tumblr.com/）」が発表されている。

(9) EGSA JAPAN のウェブサイトを次に示す。https://egsajapan.com/

(10) 明日少女隊公式ウェブサイトは以下である。
tomorrowgirlstroop.com

(11) なぜ兎や蚕なのかについては、明日少女隊のウェブサイトに説明がある。欲情のシンボルとなっている兎を格好良いイメージとすること、また蚕は日本の神話では、男神スサノオに殺される豊穣の女神オオゲツヒメの化身であること等が説明されている（https://tomorrowgirlstroop.com/mask）。

irls' Media Studies

ジンというメディア
＝運動とフェミニズムの実践

作るだけではないその多様な可能性

⑨

みなさんはジン（Zine——英語圏では一般に"Zines"と表記される）というものをご存じだろうか？ 音楽やアートやファッションにのめりこんでいる人なら知っているかも。でも具体的にどんなものかはわかっていない人が多いのでは？ 最先端のおしゃれなカルチャーのひとつらしい、イケてるアーティストたちが作ってるものらしい……というイメージで、自分にはどうせ作れないもの、背伸びして買って楽しむしか縁のないもの……と思っている人は少なくないはず。

でも、そうしたジンに対するイメージは、端的に間違っている。この章では、ひとまずジンに対する正しい理解を共有した上で、私たち／「ガール」たちがどのようにジン・カルチャーのなかで主体的な活動を展開していくことができるのかを確認したい。ジン・カルチャーには、単なる自己表現や自己実現を超えた、豊かな共同性と親密性の世界が広がっている。みなさんがそれに気づいて、自分もその一員になってみたいと思ってくれたら、この章の役割は果たされたことになる。

図9-1 C.I.P. BOOKS『私たちの午前三時：『ヒロインズ』の読書体験をシェアする zine』(2019)

❋ 1 ｜ は じ め に

　ジン・カルチャーの発展が、女性やノンバイナリー（Non-Binary）★の人々に対して果たした役割は大きい。そして、女性やノンバイナリーの人々が、ジン・カルチャーの発展において果たした役割も大きい。ジンとは何かを詳しく確認する前に、私たちはまずこのことを知っておく必要がある。

　とくに1990年代以降、欧米を中心として、女子（ガール＝ Girl ／ Grrrl）やクィア（Queer）★の人々の文化的・政治的活動がジンの世界のなかで——また、それを飛び越えてメディア環境全体のなかで——大きくクローズアップされ、それと同時に彼女

 文献・語句解説
← 関連情報

図9-2 フェミ Zine コレクティブ『脱獄：
home ら連』(2019)

図9-3 ゆとり世代フェミニズム『呪詛
Vol.1』(2016)（Vol.2 が 2019 年、
Vol.3 が 2021 年に刊行）

たちの活動はジンならびに DIY カルチャーのシーンを主体的に牽引してきた。今の私たちはその延長線上にいる。そのことをふまえつつ、本章では、主にフェミニストたちによるジンに関わる実践——「フェミニスト・ジン」と称されるもの、ならびにそれに関連する性質を伴う実践——の歴史性、成果と意義、課題とそれへの取り組み、そして展望をまとめてみようと思う。

✿ 2 ｜ ジン・カルチャーとフェミニズム：概観と歴史

(1) ジン／ジン・カルチャーとは

> ジンは、まさにその本来的性質からして、各々の主題に関係なく、政治的な出版物だ。自主制作出版とは、本質的に、長い歴史と多くの物語をもつ抵抗の伝統のなかに位置づく、個人的な反抗的行為である[1]（ZINES @fanzines）。

まず、「ジン（Zine(s)）」という言葉について。非常によく間違われるのだが、これは「マガジン（Magazine）」の略語ではない。マガジンから派生した「ファンジン（Fanzine）」という言葉から独立して、「ジン」という言葉が生まれた（Casio 2017 = 2018）。もっとも簡潔なジンの定義は、「有志による非営利・少部数の自主制作出版物」となる。ジンは、個人的（パーソナル）でありかつ政治的（ポリティカル）であること——これは第二波フェミニズムのテーゼと共通するものだ——、親密性（インティマシー）と身体性（フィジカリティ）——英語の Physicality には物質性という意味もあり、まさにジンの性質を体現する言葉だ——をあわせもつことをその大きな特徴とし、DIY（Do It Yourself）カル

チャーの一部として位置づけられる。

　ここで特に重要な点は、ジンは、商業主義（コマーシャリズム）にのっとらない、さらにいえば、商業主義に対抗するメディアであるということだ。zine nation（@zinenation）は、「Zine は企業の雑誌（マガジン）に対する対抗手段であって、その代替品ではない」と宣言している（https://twitter.com/zinenation/status/919011061478625281（2017 年 10 月 14 日））。「ジン」が「マガジン」（商業雑誌）の略語ではない、ということはこの点からも強く意識する必要がある[2]。

　そして、「ジン・カルチャー」は、ジンを「作る」ことにとどまらない。

・ジンのやりとりを通して、人と人とがつながりあい、関係を構築すること。
・ジンを介したつながりから、お互いをケア／エンパワメントしあうサポーティヴな関係性と、それに基づくコミュニティを構築すること。
・ジンを介して人々が集う空間（場所）を創造し、自律的に運営すること。
・そうした空間に誰もが自由に・対等に参加できる、関与できるようなルールを設定すること。
・ジンならびにジンに関する活動を通じて、政治的な課題にアプローチし、社会正義（ソーシャル・ジャスティス）のための取り組みを模索すること。

　こうした活動がジンの「シーン」を形作り、そのシーンが全体としてジン・カルチャーを形成していく[3]。

（2）フェミニズムとジン

　「フェミニズムは必ずしもジンと結びつくとは限らないが、結びついた場合、その影響力は絶大となる」。《ニューヨーク・フェミニスト・ジンフェスト》（文中の〈　〉は組織名を、《　》は企画名を表す）の主催メンバーのひとりであるエルヴィス・バカイティスはこう語る（Folter 2020）。

　ジンは、歴史的に、周縁化（マージナライズ）され、抑圧された声を表現する手段として機能してきた。したがって必然的に、女性たちの運動によっても大いに活用されてきた。

　また、「運動」と見なされないような、個人の密やかな執筆／表現の軌跡も、ジンであるがゆえに形として残ってきた[4]。それは時に、日記や手紙と見分けがつかないものだったりもする。つまり、見えないところで、そうとは自

覚されずに、女性たちはずっと「ジン」を活用してきたのだ。Synchronise Witches（@s_w_press）は、ジンの歴史の重要性に関するツイートのなかで、「〝ジン〟という言葉が使われるようになる以前にも、人々は自分なりのやり方で出版活動をしていたことを忘れないで」と呼びかけている（https://twitter.com/s_w_press/status/841216291981651968（2017年3月13日））。

（3）ジンの先人たち：19世紀から

　ジンの起源は、一般的には1920年代のアメリカのSFファンによるファンジンとされている。が、その見解を白人男性優位主義とし――近年に至るまで、SFファンの世界は白人男性に独占されていた――、それ以前のアイダ・B・ウェルズに代表される黒人女性解放運動における自主刊行物の存在意義を強調する立場もある。アイダ・B・ウェルズ（1862-1931）は、アメリカを代表するアフリカ系アメリカ人の黒人女性解放運動家で、NAACP（全米黒人地位向上協会）の創設者のひとり。彼女はみずからの調査をまとめた重要なパンフレットを精力的に発行したことでも知られる。

　それに限らず、19世紀〜20世紀前半の女性解放運動においては、自主刊行物が大きな役割を担っていた。代表的なのはサフラジェット（戦闘的な女性参政権獲得運動）や産児制限運動のなかで生み出され、活用されたパンフレット類だ。これらは現在のフェミニスト・ジンの「ひな形」あるいは「先祖」と呼んで差し支えない。現在では貴重な歴史資料となっているが、それにとどまらず、本来こうした媒体は（「地下」での）抵抗／運動の「武器」としての機能をもっていた、ということを忘れてはならない。

（4）ジンの先人たち：第二波フェミニズム／ウーマンリブ

　現在に至るまで、ジン・カルチャー――とりわけフェミニスト・ジンのシーン――の合言葉となっている「個人的なことは政治的なこと（The personal is political）」は、まさしく第二波フェミニズムにおけるキーフレーズだった。このことは、いくら強調してもしすぎることはない、重要な事実だ。

　家族という／からの抑圧、家父長制の桎梏、性役割の強制、職場での差別、社会運動内部における差別……、それらに対する女性たちの違和感や怒りが、大きなうねりとなって世界的に噴出した時代。それが1960〜70年代だった。花嫁修業をして、結婚して、子どもを産み、育て、夫を支えて家庭を守る。そ

れが女の幸せとされ、その道から外れた女は差別・偏見にさらされるのが当たり前だった社会。そのなかで一人ひとりの女性が抱える感情は、決して個人に収斂されるものではなく、社会全体に共有された「政治的」課題だった。表層的な／システムとしての「政治」の視点からは見えない、もしくは切り捨てられる切実な「政治的」状況を、女たちは生き、そして闘った。

　いうまでもなく、その運動のなかでは膨大な自主刊行物が生まれ、飛び交い、共有された。機関紙やパンフレットのみならず、『スペア・リブ（Spare Rib）』・『ミズ（Ms.）』のようにフェミニスト・マガジンとしてその名を（世界的に）確立した媒体もある。ウーマンリブ運動の世界同時性は、一国内の女性差別撤廃運動／女性の権利獲得運動に収斂せず、人種差別・植民地主義・南北格差・移民差別、第三世界の女性たちの置かれた状況といった要素を、グローバルに問題化するパラダイムを切り拓いた点に大きな意義をもつ。これは、現在のフェミニスト・ジンのシーンにもしっかりと引き継がれている。

　そうした意味で、日本のリブ運動の意義も見逃すことはできない。運動としての強度や多様性、また生み出された思想とネットワークなどはもちろん評価されるべき（高い水準の）ものとしてあるが、政治的闘争と（個人的かつコミュニティ・ベースの）クリエイティヴな文化運動との接合が積極的に模索・実践されていた。そこにはジン・カルチャーとの本質的な接続性が十分に見出される（村上 2014）。

❀3 ｜ 現在のジン・カルチャーとフェミニズム

（1）第三波フェミニズム／ライオット・ガール

　現在のジン・カルチャーにきわめて強い影響を与えているのが、ライオット・ガール・ムーブメント（Riot Grrrl Movement）と第三波フェミニズムだ。ライオット・ガール・ムーブメントは、1990年代初頭にパンク・シーンにおける性差別を問題化することを通して始まった、草の根のフェミニズム運動である。パンクである女子たちとパンク・ファンの女子たちは、時に男性たちから暴力や嫌がらせを受けながらも、お互いをエンパワメントしあい、シーンのなかに自分たちの領域を構築していった（大垣 2005）。ライオット・ガール・ムー

ブメントを代表するバンドのひとつであるビキニ・キル（Bikini Kill）のキャスリーン・ハンナがまとめた「ライオット・ガール・マニフェスト」（1991年。ジン『Bikini Kill』第2号（"Girl Power"号）に収録）は、今も多くのジンスタ（Zinester：ジンを作ったりジンに関わる活動をしている人たちを指す言葉）たちに読まれ、引用されている。このムーブメントからは、『ビッチ（Bitch）』・『バスト（Bust)』といった、一般誌にまで発展した影響力の強いメディアも生まれた（『ビッチ』は非営利メディア）。

この影響下にあるジンを「ガール・ジン」とカテゴライズしたアリスン・ピープマイヤー（Piepmeier 2009 = 2011）は、以下のように述べる。

> ガール・ジンがなす政治的な業績は、直ちに明らかになるものではないかもしれない。なぜならそれは、従来的な政治的関与の形態には馴染まないからだ。それにはいくつかの理由がある。まず、ガール・ジンは一般に、制度変化よりむしろ象徴秩序のレベルで活動しているから。［…］そしてそれらは、大規模な投票者集団よりむしろ小規模の具現化されたコミュニティを動かすから。（Piepmeier 2012：251）

ピープマイヤーは、ジンを作る人々のモチベーションを、「それが楽しいから——"触覚的な"楽しみ、自分自身を表現する楽しみ、コミュニティの一部になる楽しみ」とまとめた上で、ガール・ジンのジンスタたちはさらにそれを越えて、しばしば社会変革の取り組みの楽しみに入り込んでいると指摘する。そして、こうしたガール・ジンのジンスタたちは闘争の喜びを表現している、と説く（Piepmeier 2012：260-261）。

文化的な面での功績が強く評価される一方で、ライオット・ガール・ムーブメントは白人中産階級優位主義的だとの批判も——当時から現在に至るまで——ある。これは複合差別／交差性差別★の問題を強く意識させる提起であり、こうした問題提起が運動のなかから生起したこと、つまり第三波フェミニズムの実践のひとつとして展開されたということは、それ自体大きな意味がある。

（2）クィア・カルチャー

ガール・ジンと並行する形で、クィア・ジンも発展を遂げてきた。これには、ライオット・ガールのシーンとクィアコア（Queercore）（パンク・シーンから派生したムーブメントで、LGBTコミュニティへの社会的不承認に不満を表明することに

よって特徴づけられる）のシーンが批判的な共闘関係にあったことも関係している。もとをたどると、クィアコアのシーンはその形成の過程で、ライオット・ガール・ムーブメントの影響を強く受けていた（大垣 2005）。よって当然、そのシーンでもジンは重要な役割を任ってきた。

2003 年には、ミルウォーキーで〈クィア・ジン・アーカイヴ・プロジェクト（QZAP）〉が発足した。クィア・ジンの保存だけでなく、研究者やパンクスなど、DIY 出版とアンダーグラウンドなクィア・コミュニティに関心のある人が誰でも利用できるようなプラットフォームを整備している。

現在では、世界の複数の都市で「クィア・ジンフェスト」が開催され、イギリスには〈クィア・ジン・ライブラリー〉（移動式）と〈マンチェスター・LGBT＋・ジン・ライブラリー〉が存在する。クィア・カルチャーがいかにジン・カルチャーと密接な関係をもっているかがわかるだろう。

（3）アナーカ・フェミニズム (Anarcha-Feminism)

フェミニズムとジンが切り離せないのと同様に、アナキズム★とフェミニズム、アナキズムとジンも切り離せない関係だ。アナキスト・ジンというジャンルは長く強靭（きょうじん）な歴史をもち、各地で開催されている「アナキスト・ブックフェア」ではジンが大きなウェイトを占める。そして、パンク・シーンにおけるライオット・ガール・ムーブメントと同様に、アナキズムのなかにおいてフェミニズムはとりわけ重要な役割を果たしてきた。古くはスペイン革命、近年では世界的なオキュパイ運動のなかでのフェミニスト・コレクティヴの活動はその顕著な表れである。彼女らはみずからの意思伝達や問題提起、他地域のフェミニストたちとの連帯のために、ジンを積極的に活用してきた／いる。

また、《エディンバラ・アナキスト・フェミニスト・ブックフェア 2019》では、無償の保育サポートの予算を確保するため事前に寄付を呼びかける取り組みを行ったが、こうした実践の背景も「フェミニスト」という主体性とつなげて理解することができる。なお、アナーカ・フェミニズムとジンならびにジン・カルチャーとの関係については、村上（2019a・2020b）を参照してほしい。

（4）DIY フェミニズム

集合的な運動の有効性と価値は認めつつも、より小さな単位での DIY 精神に基づく実践を前面化した運動カテゴリーとして、「DIY フェミニズム」があ

る。これは、異なるタイプのフェミニズムを融合させた包括的な用語であり、パンク・カルチャーや草の根の運動、そして後期資本主義★のテクノロジーの系譜によっている。フェミニスト・ジンのジンスタのあいだで使われるようになって、一般化してきた（Chidgey 2009）。

あるベルギーのジンスタは以下のように述べる。「DIY フェミニズムは、たとえ一見して小さく見えるものであっても、自身でフェミニズムを実践して変化を起こしているすべての人々に関するものだ。それは、他者——「プロ」や政治家——が世界をより女性に親和的なものにしてくれる、また性差別に関する問題を解決してくれるのを待たないことを意味する」（Chidgey 2009：38）。そして実際に、DIY フェミニストたちの行動・運動形態は、多様でありつつもおおよそ反資本主義的なスタイルをとっている。

「DIY」は、表現における理念・形態であるのにとどまらず、フェミニズムの実践における直接行動の重要性を示す要素としてもある。ここから必然的に、DIY フェミニズムがアナキズム的な思想・運動と強い親和性をもつことを指摘できる。

（5）ポスト第三波の現在

#MeToo ムーブメントやセレブリティたちのフェミニスト宣言、フェミニズム本ブームなど、現在のフェミニズムをめぐる状況は活況を呈しているといってよい。ティーンの女子たちも大いにエンパワメントされている環境にあるだろう。しかし、同時にバックラッシュも激しく、SNS で気軽に・自由にフェミニズム的な発言をすることに対する恐怖・抵抗はいまだに根強い。

そうした背景を考えれば、今現在、世界のどこにおいても、女子たちの文化・思想（そして運動）形成においてジンのもつ役割は、やはり大きい。オンラインでの「つながり」の力——それは主体的に望んで構築するものだけでなく、望まない抑圧として降りかかってくるものでもある——が強化されればされるほど、ジンというオルタナティヴなメディア——であり実践——に向けられる（直接的・潜在的）ニーズはむしろ高まってくる。これは紛れもなくみずからが生み出したものだという確信、私という人間を信用して手渡してくれた／贈呈してくれたことに対する信頼感、手元に置けばいつでも同志がそばにいるように感じられる安心感。他のメディアからは得がたいそうした感覚は、際限

ない同化と差異化のゲームに疲れ果てた女子たちが切に希求しているものだ。

　ジンは、デジタル文化の脅威から身と心を守る防波堤であると同時に、SNSの代替品にはとどまらない独自の「武器」としての価値を有している。それを主体的に活用する術を、いつだって女子たちは編み出してきたし、今も日常的に活用・展開している。

🌸 4 ジン・カルチャーが本質的に問題とするポイント

　次に、ジン・カルチャーが本質的に内包し、また問題化するさまざまな要素のうち、主要なものを列挙してみたい。これらは、ジンを作る時だけでなく、ジン・カルチャー全体を見通し、何らかのアクションを起こす際に、意識する必要がある諸要素だ。

　いうまでもなく、以下の各項目は別々に独立して存在する問題ではなく、現実の社会ならびに表現の世界においては、複合的・横断的に存在するものである。ゆえにその複合性・横断性をテーマにしたジンやジン・コレクティヴも多く存在する。この点は注意しておいてもらいたい。

（1）人　　種

　ジンの世界において、人種（差別）の問題はジェンダーと同じくらい重要視される切実な問題だ。POC（People of Color）・WOC（Women of Color）・BIPOC（Black, Indigenous, or People of Colour）といった略語は、ジンのジャンル分けにおいてすでに定着したものとなっており、それぞれのテーマで数多くのジンが作られている。

　やっかいなことは、ジンのようなカウンターカルチャーの世界でも、無自覚な形でレイシズムで再生産されてしまうことだ。レベッカ・サイドは「ジンは、主流の機関がしばしば排除する声を拡張する比類ない力をもっている。だが、そうした権力の不均衡が私たちの自主制作出版文化のコミュニティのなかで展開された場合、どんなことが起こるのか？」（Syed 2019）と危惧する。また POC Zine Project は、「アカデミアはジンを保存し称賛するのと同時に、多くの場合、ジンの歴史の体系化において反黒人主義・白人至上主義を永続させる」と警鐘を鳴らしている（https://twitter.com/POCZineProject/status/811073845943795712

（2016 年 12 月 20 日））。

　残念ながら、現在でもジン・シーンには白人優位な状況が明確にある。しかし、それを問題化し、変えていかなければという提起とアクションもある。現在、ジンを含む DIY カルチャーの世界では、「デコロナイズ（Decolonize ＝ 脱植民地化)」が主要なキーワードとなっており、白人中心主義的な価値観とシステムを変革することへの意識の強さが表れている。そして、この動きはフェミニズムのなかで進行してきた流れと同時並行のものであることも押さえておきたい。

（2）階　　級

　階級（Class）の問題もジン・カルチャーをとらえる上でまた重要だ。いうまでもなく、ジンは「持たざる者」＝労働者階級（ワーキング・クラス）の文化として位置づけられるものだ。決してアート・スクールに通う中産階級のキッズたちの特権的所有文化ではない。

　階級を主題とした代表的なジンとしては、イギリスの『プア・ラス（Poor Lass)』があげられる。その名の通り労働者階級の若い女性たちが主体となり、労働・家族・コミュニティ・健康といったテーマで寄稿を集めている。彼女らが作ったバッジには「This is what a working class person looks like（これが労働階級の人間の姿だ）」という一文が刻印されている。

　日本では、「貧困」が問題となっても、それが「階級」の問題として取り扱われ／検討されることは稀だ。これにはメディアや教育の環境が大きく作用しているが、であるからこそ、ジンのような媒体がその意識化に果たす役割は大きい。既存の労働運動の機関紙とは異なる、より個人的で、しかしかつ政治的な提起と、それを通じた連帯の構築の可能性が、ジンには託されている。この新自由主義の時代において、その意味はかつてなく大きくなっているだろう。

（3）障　　害

　ジンは、マージナル（周縁的）な存在ならびにマージナライズ（周縁化）された存在に焦点を当て、またそうした存在が主体となる文化だ。したがって、この健常者中心主義の社会にあって、障害をもつ人々の存在は、ジン・カルチャーにおいても大きな位置を占める。

　「ディスアビリティ・ジン」・「メンタルヘルス・ジン」はすでにジャンルとして確立している。車いすのような見てすぐにわかる障害のみならず、聴覚障

害や精神障害のような不可視の障害（Invisible Disabilities）の当事者たちも、ジンを通じてみずからの物語を紡ぎ、仲間たちとつながっている。メンタルヘルスの相互ケア（の可能性を追求すること）をテーマにしたジン・ワークショップや、聴覚障害をもつ人々が直面するメンタルヘルスの問題を探求するジン・ワークショップも開催されている。

　また、関連するものとして「シック・ジン」があり、主に慢性疾患を抱えた人々の交流・表現手段として機能している。シック・ジンに特化したジン制作ワークショップも開かれている。

　障害の問題は、後述する「アクセシビリティ（Accessibility）」（参加／利用／入手のしやすさ）の問題に直結する。その点で、ジン・シーン＝DIYカルチャーに関わる人々は、当事者性にかかわらず意識しておかねばらない問題だ。

（4）体　　型

　女性のジンスタが多く取り上げるテーマのひとつに、体型がある。とくに、太っている自分の身体を肯定する「ボディ・ポジティヴ」／「ファット・ポジティヴ」のジンは活発に作られている。男性社会が押しつけてくる「理想の体型」に無理して自分をはめ込むことを拒否する、フェミニズムの問題意識がそこにはある。「Riot not Diet」という秀逸なキャッチフレーズは、多くのフェミニスト・ジンで引用されているものだ。

　ジェニー・グンナルソン・ペインは、「多くのフェミニスト・ジンは、自分の身体に対するネガティヴな感情の個人的物語を差し出すが、それは、そうすることで商業的な少女雑誌や女性誌の美の基準に対し非順応化しているのだ」（Payne 2012：67）と説く。体型に関する悩み・葛藤を表現することもまた、抵抗の手段なのだ。

　なお、体型に関連するものとして、女性の体毛（Bodyhair）、とりわけ日本語で俗にいう「ムダ毛」の問題をテーマとしたフェミニスト・ジンも多く作られている。

（5）身体性／生殖

　女性の身体性、とくに生殖機能に関わる身体性をテーマとしたジンは、実に多彩だ。月経ジン、月経カップ・ジン、タンポン・ジン、布ナプキン・ジン。女性器そのものへの愛着をテーマにしたジン。悪阻（つわり）や更年期障害を

テーマにしたジンもある。そして避妊ジン、セルフケア・ジン。DV・性的暴行ならびにそのサヴァイヴァー支援に関するジンも、ぶ厚い蓄積がある[5]。

　共通している前提は、みずからの性器や生殖機能を自分で（男性・医療・社会による干渉・介入・暴力から）守り、慈しみ、ケアし、自身と他者の身体ならびに精神を癒す、ということ。それに関連して、多様な形のセックスのあり方や可能性をポジティヴに提起することをテーマにしたジンもある。

　現実社会では表立って言い出しにくい、（女性／ノンバイナリーの人々の）センシティヴな「性」の問題を、主体的に、安心して、時にユーモラスに語ることができるのは、親密性を強くもつジンというメディアだからこそ、といえる。

（6）見えなくされている／無力化されている人たち

　障害者や性的マイノリティといった大きな「社会問題」として括られる対象以外にも、マージナルな立場にいる人たちは（多様に）存在する。それは往々にして、社会からは存在を認知されない人たちだ。代表的な例として、トランスジェンダーのセックスワーカー、女性受刑者、西洋社会のムスリム女性、移民のシングルマザー、クィアのホームレスなどがあげられる。

　こうした人々にジンを送ったり、一緒にジンを作るワークショップを開催する活動もある。無視され、また見えない／見えにくい差別にさらされ続ける脆弱性の高い当事者たちを、いかにエンパワメントしつつ、フェミニスト的でサポーティヴなコミュニティを作っていけるのか。いうまでもなく非常に困難な課題だが、これはジン・カルチャーが必然的に向きあうべき課題である。

（7）困難・抑圧の交差性・複合性・重層性

　(6)の内容にも関わるが、とくに第三波フェミニズム以降においては、「女性差別」・「○○差別」といった一面的なカテゴライズで差別や抑圧を括ることは難しくなっている。したがって、多様で多層的な差別・抑圧について語り・考え、その（それらの）問題に対して「連帯」（して運動を構築）する方策を模索していくことが、大きな課題とされている。

　近年のフェミニズムではとりわけ「インターセクショナリティ」が重視される傾向があり、個々人が抱えもつ複雑な要因を丁寧に解きほぐした上で、適切な対応とエンパワメントのあり方を考慮する方向性が強調されている。

　ジンというメディアは、そのような「ひと言では片づけられない」・「社会的

には正確に認識されない」抑圧とそれへの抵抗のありようを表明・共有するのに適した特性をもち、まさにこうした時代においてこそその力を発揮するものだ。息の長い、多層的なフェミニズムの実践を継続していく上で、必ず大きな役割を担っていくメディア＝運動であることは改めて強調しておきたい。

（8）教育としてのジン、スペースとしてのジン

そうした意味で、ジンがもつ教育的機能というのはこれまで以上に注目され、意識化されてしかるべきだろう。ピープマイヤーは、さまざまな方法をとってガール・ジンという形で表に出てくる成果を、「希望の教育学」と位置づけ、それは小規模な抵抗の行動として機能すること、そして「ガール・ジンはこの後期資本主義のシニカルな文化をターゲットにした政治的介入を行う」（Piepmeier 2012：252）ものであることを指摘する。

ジンは、それ自体が教育となる（教育的機能をもつ）だけでなく、その役割を果たすための「スペース」としても機能する（村上 2020b）。それは、現在ある差別・抑圧に満ちた社会とは別の（オルタナティヴな）空間ということでもあり、また、抵抗的な社会正義の理念を実現するための――アクセシブルで、自律的で、相互扶助的な――現実の空間を、ジン（に関する実践）を介して設定・構築する、という意味でもある。この点は次節で展開しよう。

5　ジン・カルチャーの展開

以上の内容をふまえた上で、本節では、フェミニズムの理念に即してジン・カルチャーを「実践」する際の具体的な手段・形態を示していこう。

（1）ジンフェスト（フェア）

人々がジンに接する機会としてもっとも代表的なものは、世界の主要都市で定期的に開催されているジンフェスト（フェア）だろう。規模の大小はあれ、普段は出会うことのない多くのジンスタたちが一堂に会する機会で、お祭り的な要素が強い。ジンフェストのなかには「フェミニスト・ジンフェスト」・「クィア・ジンフェスト」のように、コンセプトを明確に示したタイトルを掲げたものもある。

ここで最大の問題となるのがアクセシビリティ（Accessibility）だ（村上 2019b・

2020c)。簡単にいえば、①物理的・②経済的・③精神的な意味で「誰もが」参加しやすい環境を作ることの重要性を、強く認識しておく必要がある。具体的には以下のような内容だ。

①では、車いすでの（スムースな）利用が可能か、小さな子どもを連れて入場・滞在できる環境か、手話通訳の準備や字幕による情報提供はなされているか、ジェンダー・ニュートラル・トイレが設定されているか、といった点が問われる。そうした基本的な点はすべて実現されていることが理想だが、無理な場合でも最善の対応策をあらかじめ提示しておくことが要請される。

②では、無料もしくは経済的困窮者にも負担のない料金設定であるかどうか、が問題となる。これを実現するために「スライディング・スケール (Sliding Scale) 制」や「ペイ・イット・フォワード (Pay It Forward)」★といった対策がとられることもある。会場では——また事前に——積極的にドネーション (Donation：任意で支払う寄付金) を募り、なるべく相互扶助的に経済的な課題をクリアしていけるよう努める。

③では、(a) メンタルヘルスに不安を抱える人が参加しやすい環境であるか、(b) マージナルな属性をもった人が肩身の狭い (居心地の悪い) 思いをするような環境でないか、が問われる。(a) の面でのサポートの方法としては、会場内にひとりになれるスペース (Quiet Room) を確保しておくこと (これは①の問題でもある)、そうした人々の参加に特化した時間帯「アクセシブル・アワー (Accessible Hour)」を設定すること、がある。(b) に関しては、あらゆる差別とハラスメントを許容しないことを明記した「セーファースペース・ポリシー (Safer Space Policy)」を提示し、それに従って問題に対処する体制を整えておくことが必須条件となる。

それ以外にも、世界各地のジンフェストでは、マージナルな属性の人たちが優先的にストール (ブース) を確保できるように取り計らう、イベント内の音楽ライブには女性・クィア・POC の出演者をブッキングする、ストールを確保していなくてもジンを自由に配布できる「コミュニュアル・テーブル」を設置する、フードのケータリングはヴィーガン対応にする、といったさまざまな措置がとられている。要するに、あらゆる面でバリアと特権性をなくしていくための試行錯誤がなされているということだ。

また、一般に海外のジンフェストのプログラムには、身体とメンタルをみず からケアすることを学ぶためのヨガや瞑想のワークショップ、フェミニズムや アクティヴィズムに関するパネル・ディスカッション、好きなジンの一節を (順々に)朗読してその魅力を他者と共有する「ジン・リーディング」などが組 み込まれており、単にジンを売る・買う・配るというのにとどまらない、多様 な交流・交歓・学び・癒やし・連帯が実現しうる貴重な場となっている。

(2) ワークショップ

ジンに関するワークショップも、世界各地で日常的に活発に開催されてい る。ジンフェスト(フェア)よりも小規模な単位で企画され・行われるため、 イベントというよりはサークル活動という色合いが強い。したがって、より親 密な関係性に基づいて、コミュニティに根差した活動を定期的に継続していく 手段として機能する。

運営の基本的な条件は(1)と同じなので省略する。マニュアル的なものと しては、フェミニスト・グループが作成したワークショップ開催のためのガイ ドが存在する(Grrrl Zines A-Go-Go n.d. = 2017)ほか、筆者が過去に作成したワー クショップの進行表などもオンラインでみられる(http://www.arsvi.com/w/mk02. htm からリンク)ので、必要があれば参照してほしい。

ワークショップに関しては、どうしても「作る」こと(メーキング)に重点が 置かれがちで、体裁の整ったジンを作る「ノウハウ」(だけ)を「伝授」するの に終始してしまうようなケースも想定されるが、もちろんそれは望ましいこと ではない。重要なのは、完成度の高い作品を高い生産性で生み出す／させるこ とではなく、参加者各自が自分の内面と表現にじっくりと向きあうこと、その 過程や葛藤をそのまま表せる環境を整えることである。そして参加者全員で過 程=成果としてのジン——そこに込められた思いや背景——を「共有」(シェ ア)すること、そしてジンに関する活動を通じて「場」(スペース)を共有する こと、最後にそこで必要となる「関係性」について学びとること。こうした点 をトータルで追求することが求められる(村上 2018)。

(3) ジン・ライブラリー

ジンに縁のなかった人々とジンを結びつける上でもうひとつ大きな役割を果 たすのが、図書館だ。アメリカ・イギリスでは、いくつもの大学図書館や公立

図書館に、ジンに特化したアーカイヴが設置されており、専門の職員が配置されている。もちろん民間の運営によるジン・ライブラリーも複数存在し、さらにフェミニストやクィアのグループが運営するアーカイヴのなかにもジンのコレクションが含まれている。

　ジン・ライブラリーの存在は、マージナライズされた人々による表現／抵抗の歴史と功績を現在に生きる人々に伝える上で大きな意味をもっており、図書館員やアーキヴィストたちは明確な使命感をもってその場を発展させてきた（Knight 2018）。アメリカ・イギリスにはそれぞれ、全国のジン・ライブラリアンたちが横につながる統一組織が存在し、年に1度会合をもち、集まって情報やメソッドを交換し、議論し、倫理規定を改良したりする努力を続けている。そうしたジン・ライブラリアンたちが共同で作成しているジンも存在する。

　図書館はまた、ジンに関するイベントを開催する場としても機能する。たとえばバークリー市立図書館クレアモント分館では、2019年3月に、フェミニスト・ジンメーキングという企画を行った。これは、女性史月間を記念し、《サンフランシスコ・ジンフェスト》の運営メンバーの協力を得て開催されたものだ。これ以外にも、コミュニティの子どもたち・若者たちを対象としたジンに関するイベントは、各地域の図書館で活発に行われている。

6 　国際的なつながり・ローカルな営み

　現在は、実際にイベントや図書館に足を運ばずとも、SNSなどを活用して世界各地のジンスタたちと簡単に交流することができる時代だ。インターネット上でつながりができた相手と関係を深め、ジンの「現物」を贈りあったり、コンピレーション・ジンに寄稿したり、ブログにジンのレビューを書いたりする活動は、ますます活発になっている。

　ただ、それだけではなく、アクセシブルな「場」を作るための方法論を（議論し）共有すること、フェミニスト／クィアの（運動の）実践としてジン・カルチャーを発展させていくためのネットワークを構築・拡張することも、並行して進んでいるという事実にも目を向けておこう。

　欧米の事例を追いかけていると、往々にして日本の状況との落差・断絶を意

識せざるをえない時がある。そんな時は「遅れている」ことをただ嘆くのではなく、アジア・オセアニアや中南米のシーンについて調べたり、実際にそうした地域のジンスタたちにアプローチして交流を深め、共同でプロジェクトを立ち上げたりしてみよう。政治的な課題に対して共闘するなど、いくらでもやれることはあって、展望は開けていることに気づくことができる。

　と同時に、日本のなかの小さな地域単位でもできることはたくさんある。たとえば、1950〜60年代のサークル文化運動のサークル誌や、1970年代のリブ運動のパンフレット、1980年代の主婦のミニコミ誌などを収集して地元の図書館に寄贈する。そしてその読書会を開いたり、その目録を作ってオンラインで公開したり……。もちろん、自分たちで小さなジン・ライブラリーを開設するという手もある。自分たちの足元でやれることも実はたくさんあるのだ[6]。

✤7 ｜ おわりに

　最後にいくつか、ジン・カルチャーの実践における（ささやかな）現実的なアドヴァイスを送って本章を閉じたい。

　まずは、「とりあえず集まってみよう」ということ。がんばって大きな「イベント」をやろうとしない。「ギャザリング」・「サークル」・「パーティ」といった名目で、お茶を飲みながら、お菓子を食べながら、ジンを囲んでおしゃべりを楽しむ。まずはそれだけで十分だ。わざわざ会場を借りなくても、誰かの家でも、放課後の教室でも、公園のベンチでもいいだろう。そのなかから、みんなでジンを読みあう、ジンについて話しあう雰囲気が醸成され、その延長線上に自然にジェンダーやフェミニズムの話題が出てきたりすれば、それはとても意味のある場になる。

　自分でやるのがハードルが高ければ、まずはすでにある近くの集まりに行ってみよう（野中 2020）。いずれにせよ、ジン・カルチャーとは何か、をしっかり把握した上で、無理のないやり方とペース——他人に何かを強制しない、ノルマを作らない、能力主義に走らない——で活動を進めてほしい。ゆるく、でも熱く。がんばらないで、でもがんばって[7]！

＊話しあってみよう

・一般の商業メディアではまず取り上げられることがない、でも自分がすごく思い入れがあって人に伝えたいこと（偏愛するジャンル、地味な趣味、風変わりな習慣……）は何かを考え、人に語ってみよう。とくにそれがもつ、お金や地位や名誉とは何も関係がない独自の価値を強調することを意識しながら。それをお互いに共有し、肯定しあうところから、何か（ジンでもそれ以外でも）表現が生まれてくるかもしれないし、何も（形になるものは）生まれなくても、関係性が深まってゆるいコミュニティができるかもしれない。ジン・カルチャーへの入り口は、おしゃれなアート・スポットにではなく、そういう地点にある。

＊読んでみよう

・野中モモ 『野中モモの「ZINE」――小さなわたしのメディアを作る』晶文社、2020 年。：この本を読んで、日本のジンスタの人たちやディストロの人たちが考えていることと、ジンを取り巻く多様な実践・場の存在について、知見を広げよう。そのなかで気になった人のジンを入手してみたり、気になった（近い地域の）活動に参加してみたりすることから、ジン・カルチャーにアプローチしてもらえればと思う。

＊調べてみよう

・地元の図書館の郷土史コーナーに行って、今のジンの「先祖」にあたるような出版物（詩のサークルの作品集、地域の歴史遺構を探訪した記録集、主婦の公民館学習の成果報告書……など）がないか探してみよう。興味を惹かれるものがあったら、それを作っていた人たちについて調べてみよう。そして、もしその人たちに出会うことができたら、話を聞いてみよう。その記録をジンにしたり、その人たちと一緒に（当時の活動をふり返る）イベントができたりしたら、最高だ。

＊書いてみよう

・気になって入手したジンや誰かと交換したジンを題材にして、ジン・レビューを書いてみよう。その際、ただそこに書（描）かれていることだけを論じるのではなく、そのジンはどのような系譜（カテゴリ）に位置づくのか、どのような思想・文化の影響を受けているのか、どのような社会的問題と結びつけてとらえることができるのか、を考えながら論じてみよう。また、ただ客観的に論述するだけでなく、そのジンに対する「個人的な」応答――読んで喚起された記憶や感情など――もあわせて書いてみよう。

【注記】この本を授業の教科書として使用している先生方へ

　授業のカリキュラムの一環として、また授業の制作課題として、学生に「ジンを作らせる」（そしてそれを採点・評価の対象とする）ことは絶対にしないでください。それはジン・カルチャーの精神に反します。ジンに関する取り組み（ワークショップやジンフェストの開催など）は全面的に学生の自主性に任せ、教員による「介入」は（学生からアドヴァイザー的な役割の要請を受けた場合などの）最小限の範囲にとどめてください。ただ、教室を借りるなどの「協力」は労を惜しまずにしてください。

（村上　潔）

【注】

(1) https://twitter.com/fanzines/status/1267259304912060421（2020 年 6 月 1 日）

(2) また、ことフェミニスト・ジンに関していえば、すべてではないが「現在存在するフェミニスト・ジンの大部分は、反商業主義・反エリート主義・反プロフェッショナリズムといった対抗精神に同意している」（Payne 2012：62）。

(3) ジンに関するまとまった全般的な解説は、村上（2020a）を参照のこと。なお、ジン・カルチャーの教科書的な書籍としては、Duncombe（[1997] 2017）がある。

(4) ジンは本質的に個人的なものだが、とりわけみずからのパーソナルな内容を表現したジンを「パーソナル・ジン（略称：パージン [Perzine]）」と呼ぶ。

(5) 筆者がこのテーマでリストを作って（随時更新の上）公開している（http://www.arsvi.com/d/zinessa.htm）。参照してほしい。

(6) 村上（2014）はそうした成果のひとつでもある。なお、日本におけるジン・カルチャーならびにフェミニスト・ジンの受容・発展過程と、課題・展望については、西山・村上（2016）、村上（2016）、ばるぼら・野中（2017）を参照されたい。

(7) 筆者は「ジン [Zine(s)] ——その世界の多様性と可能性」（http://www.arsvi.com/d/zine.htm）というページ（随時更新）を通じて日常的に情報提供を行っている。参照してほしい。

【注記】本章は、新型コロナウイルス感染症が世界的に感染拡大する前に書かれたものであり、本書出版時点での社会状況に必ずしも適応しない内容も一部含まれます（とくに、人が集まることに関する点など）。「コロナ以降」の世界のジン・カルチャーに関しては、筆者作成の http://www.arsvi.com/d/zine.htm を参照してください。

「フェミニズム」と交渉する 10
新しい運動

　2000年以降出生した世代の多くは「わたしは女性に生まれたけど、女性差別を受けたことがない」「もう女性差別はなく、むしろ男性だって大変だ」「最近は痴漢冤罪という言葉があるくらい、男も被害者だ」という。その話を聞けば、日本の女性差別は過去の問題であり、ジェンダー平等の社会を実現できるのもそう遠くないとも考えられる。

　他方で、筆者がジェンダー論の授業を終えて教室を出ようとした時。「正直いって、わたしは大学に入学してからずーっと悔しい。女子校出身で、その間常に＜人間＞として扱われてきた。それなのに、大学進学してからサークルでは、いきなり＜女子はお弁当を作って＞＜女子はサークルの華だから＞とされ、常に、横っちょにおかれてしまい、自分の存在が消されているような感覚に陥った」と話す学生もいる。

　他の学生からは「今まで、さほど性別で差別を感じたことがない人生だったと思う。でも、大学3年生になって就活で信じられない＜女性差別＞にあった。露骨に女は即戦力にならない的な話しぶりをする中年男性もいたり、OB訪問では、『女はやっぱり結婚して子どもを生むのが一番幸せだよ』と諭されることもあった」と、悲痛な声も聞いた。

　また男女問わず、大学に入るまで「セクシュアリティのこと、性的な話題」を体系的に知る機会が乏しかった、という学生も少なくない。その背景には、小学校・中学校・高等学校で性教育を避けている傾向がある。そのために、はじめて知る「セクシュアリティのこと、性的な話題」がインターネットの裏サイトであることは珍しくない。授業でどのような行為がレイプであるのか、について説明した際「あれがレイプだとは知らなかった」「いやよいやよも好きのうちだと思っていた」とし、性暴力に何も声を上げられないままやり過ごしている学生もいる。

　このような状況に出会うと以下のような見解を抱かざるをえない。それは、筆者が学生と接するなかで感じるのは「日本社会は、一見すると矛盾するようなジェンダーに関する言説が飛び回っているが、通底している要因があるのではないか？」という疑問である。筆者はその要因のひとつに自分自身に起こるジェンダーに関することを「声」に出す方法を知らない、わからない、教えてくれない、ことによる矛盾だと考えた。

　近代市民社会は社会運動によって「改善」を図ってきた。では上の囲み文でみてきたようなは状況に直面した時に、わたしたちは、どのように社会運動を

行っていけばよいのだろうか？　近代市民社会が登場してから、多くの方法、思想が登場してきた。本章ではそのひとつである「フェミニズム」を視点にしながら、「声」に出す意味を考えていく。いうまでもないが、フェミニズムは生活に根差した思想であるために、社会運動なくてして成立しない。

本章では、混沌とし、矛盾に満ちた現代社会をジェンダー・フェミニズム思想を用いてどのように実践し、その矛盾を乗り越えようとしているのか、フェミニズムと交渉する社会運動の事例を交えながら考察していく。

1　「声」を上げる意味：# MeToo フェミニズムが身近になった瞬間

（1）「声」をあげるまでの道のり

本節では、「声」を上げる意味について、新しい形のジェンダー・フェミニズム運動の事例から考える。

1960 年代以降の第二波フェミニズム運動（ウーマンリブ運動、のちにジェンダー平等を目指す運動となる）におけるスローガンである「個人的なことは政治的なこと（The personal is political）」は、現在でもフェミニズム運動を支えている重要かつ複雑な思想のひとつだ。このスローガンは、以下のことを解体するメッセージを内包している。そのメッセージとは、個々のわたし・わたしたちが――まさに「わたし・わたしたち」は誰を想定しているのか、想定されているのか、想定されうるのか、という難題をはらんでいるが――経験・体験してきたことのすべてを、単純に「個人に起こった出来事」「個人の責任問題」「個人の能力・潜在能力（ポテンシャル）の問題」「個人が克服しなくてはならないこと」としてきた常識についての解体である。その常識を支えているのが、わたし・わたしたちを取り巻く、社会構造・歴史・文化のなかでふり分けられ、固定化され、常態化され、常識とされてきた「女」というカテゴリーすなわちジェンダーである。そのことに気がついた時に、わたし・わたしたちに降りかかる諸問題を「声」に出すことで、社会の常識とされている、「女らしさ」「男らしさ」に警告を発することができるのである。ひとりの「声」では戯言、妄言、思い込みとして処理されるが、「声」が束となることで、それらがジェンダーを支える「常識」への警告となる。そして、その「声」を上げた原因（要

因）がジェンダーであるとわかった時に、既存の性に基づく差別の変革が必要になる。しかし、長い間「常識化」しているジェンダーに基づく言説・行為は容易に解体することはできない。ではどうしたらよいだろうか？　フェミニズム視点を軸にしながら「声」を形にする方法は何があるだろうか？　いくつかの事例をみてみよう。

（2）「声」を届ける空間を創る：ゆる・ふぇみカフェとは

ゆる・ふぇみカフェ：http://yurufemi.blogspot.com（以下「ゆる・ふぇみ」）を耳にしたことがあるだろうか？　2014 年に、ジェンダー平等・フェミニズム視点を軸にしながら活動するために設立された、活動する社会運動団体である。設立当初から既存の団体とは、「何かが違う」とされ、知名度はさほどない時から、何かと注目を集めてきた[1]。

ゆる・ふぇ
みカフェ

　筆者は、ゆる・ふぇみカフェの構想・立ち上げ・企画運営メンバーとして関わっている。2018 年 11 月、毎年 1 回開催している「ゆる・ふぇみカフェ」を最後に第 1 期ゆる・ふぇみカフェは終了した。その後 2020 年 7 月 18 日「夏の夜のゆる・ふぇみコンサート〜抵抗のうたとおはなし〜」を開催し第 2 期をスタートさせた。メインの活動は、年 1 回で開催された「ゆる・ふぇみカフェ」である。ゆる・ふぇみカフェは、運営メンバーだけでなく、外部からもゲストを集ってトーク、アートやリーディング、音楽、フリマなどを集めた「領域横断ジェンダー×カフェ」イベントである。カフェと銘打っているように、飲食ができるイベントである。毎年 2014 年から 2018 年まで 5 年間継続した。そのほかにも年に 4 回程度公開イベント、非公開イベントも開催した。

　2014 年の「第 1 回ゆる・ふぇみカフェ」イベント開催時には、誰も知らない、聞いたこともない無名の団体であった。第 1 回のイベント構想が固まり広報活動に勤しんでいる時に、既存のジェンダー・フェミニズム運動団体や研究者からは「目指しているものがわからない」「楽しく運動するとは何事か」「ゆるいとは何事だ」「運動をなめている、サークルのお遊びではない」などというと批判が続出した。

　設立時は、世界中で女性運動を含むジェンダー・フェミニズム運動が下火になり、こと日本社会では、2000 年以降に展開された「ジェンダーバックラッシュ★」の影響も手伝ってか、「フェミニズムは怖い」と思う人々は多数い

た。また筆者が活動を始めた頃によく言われたのが「ジェンダーとはどこか人ごと」「ジェンダーは小難しい」「大学の研究者が実際の生活抜きで議論している」というものだった。本来、フェミニズムは生活の問題であり、ジェンダー平等を目指す思想は、特権階級がサロン的に議論するものではない。

　実際には、想像以上に「フェミニズム」を避ける傾向が強く、なかなか生活実践として根づくことが困難な時代であった。ジェンダー・フェミニズムを社会に広げたい、自分の問題として考えたいとみずから望んでゆる・ふぇみカフェ構想に集った設立メンバーでさえも、会の方向性を議論する場面で「フェミニズムを全面に出す団体名は若い世代に敬遠されるのではないか」といった発言が相次いで飛び出した。どのような団体名にするのかを、話しあう構想会議のなかで象徴的な出来事があった。

　あるメンバーから「ゆるがついているが、『ふぇみ』はフェミニズムだから、なるべくない方がいいかもしれない」という言葉が飛び出した。今では考えられないような発言にみえるが、当時はそれだけジェンダー・フェミニズムに対してネガティヴな状況だった（現在もそうかもしれないが）。そのくらいジェンダー・フェミニズム的な価値観は時代依存的であり、人々の生活、経験によって印象が異なるのである。こと、上述したジェンダーバックラッシュは、ジェンダー・フェミニズムを語ること、追求すること、名乗ることを萎縮させる効果をもたらした。むしろそれが狙いであることはいうまでもないだろう。このことは、日本のジェンダー平等社会への道を後退させ、フェミニズムを固定的なイメージにする力をもっていた。

　設立メンバーさえも「怯える」ほどのジェンダー・フェミニズムバッシングの残滓を抱えながら第1回「ゆる・ふぇみカフェ」のイベントは開催された（図10-1）。しかし、蓋を開けてみれば、貸し会場の定員の倍を超える100名近くが来場した。遠方から参加した20代の会社員は「こういう空間を待っていた」と筆者に声をかけ、「いつもはジェンダー関係のイベントは敬遠していたけど、このイベントなら自分に合っているかもしれない」と目を輝かせた学生が手を振って会場を去っていった。以降、年1回のゆる・ふぇみカフェは年を重ねるに連れて参加人数が倍増した。またさまざまなイベントを企画・運営していき、「新しいジェンダー・フェミニズム運動」として認知されるように

なった。

　しかし、なぜゆる・ふぇみカフェは、ジェンダー・フェミニズム氷河期時代に、注目され、人々に受け入れられたのだろうか（表10-1）。

表10-1　ゆる・ふぇみカフェが取り組んできた主な活動（2014年から2021年まで）

日時	イベント名	場所	イベント形態
2014年1月	ゆる・ふぇみカフェ構想	某カフェ	
2014年4月19日	第1回ゆる・ふぇみカフェ（領域横断ジェンダーカフェイベント）	中野店 magari レンタルカフェスペース	公開イベント
2014年8月10日	ゆる・ふぇみプチカフェ vol.1「男子のセックスの不思議を語る」	民間研究所	運営メンバー内を中心に
2014年11月1日	第1回大人と子どものゆる・ふぇみ遠足	「葛西臨海公園＆水族園」	運営メンバー内を中心に
2014年11月24日	第1回ゆる・ふぇみカフェインターナショナル vol.1「ヘイトなニッポンで香港デモの声を聞く〜雨傘運動×ガールズ・トーク」	文京区男女共同参画センター	公開イベント
2015年1月11日	ゆる・ふぇみプチカフェ vol.2「ゆる・ふぇみシネマトーク」	某場所	公開イベント
2015年3月14日	第2回ゆる・ふぇみカフェインターナショナル vol.2 雨傘運動映画「傘の下のガールズ・ロック」	某場所	公開イベント
2015年3月22日	第2回大人と子どものゆる・ふぇみ遠足「ゆる・ふぇみそ作り」	メンバー自宅	運営メンバー内を中心に
2015年4月18日	第2回ゆる・ふぇみカフェ（領域横断ジェンダーカフェイベント）	神保町 EDITORY	公開イベント
2015年5月31日	第3回大人と子どものゆる・ふぇみ遠足「井の頭公園ピクニック」	井の頭公園	運営メンバー内を中心に
2015年11月17日	第3回メニュー試作＆試食会		運営メンバー内を中心に
2016年3月	第4回大人と子どものゆる・ふぇみ遠足「ゆる・ふぇみそびらき」	メンバー自宅	運営メンバー内を中心に
2016年4月23日	第3回ゆる・ふぇみカフェ（領域横断ジェンダーカフェイベント）	アーツ千代田3331	公開イベント
2016年8月6日	第3回ゆる・ふぇみカフェインターナショナル vol.3「ゆれるカーテンの向こう側〜中国・ロシア・朝鮮のフェミニズム」	南部労政会館（大崎）	公開イベント

2016年8月21日	第5回大人と子どものゆる・ふぇみ遠足「おもちゃ博物館」	おもちゃ博物館	運営メンバーを中心に
2016年12月16日	第4回ゆる・ふぇみカフェ　インターナショナル vol. 4わたしの知らないアソコのお話—中国のヴァギナ・モノローグス上演運動からわたしたちへ	早稲田大学	公開イベント
2017年1月28日	ジェンダー＆セクシュアリティ演劇ワークショップ	公共施設	運営メンバーを中心に
2017年4月22日	ゆる・ふぇみシネマ「オレの心は負けてない」上映＆川田文子さんアフタートーク	公共施設	公開イベント
2017年7月2日	第4回ゆる・ふぇみカフェ（領域横断ジェンダーカフェイベント）	アーツ千代田	公開イベント
2017年9月7日	ゆる・ふぇみカフェスピンオフ　ドクタースモール来日特別企画　インターセックス・カミングアウト	公共施設	公開イベント
2017年11月11日	ゆる・ふぇみカフェスピンオフ　ゆる・ふぇみカフェ in 神奈川朝鮮学園文化祭　「なんかイヤ！」を考えるジェンダーワークショップ＆朝鮮学園見学ツアー	神奈川朝鮮学校	公開イベント
2018年9月17日	ゆる・ふぇみシネマ『外泊-weabak』上映＆金美珍さんトーク	早稲田大学	公開イベント
2018年10月28日	ゆる・ふぇみカフェイベントボランティア説明会	早稲田大学	公開イベント
2018年11月3日	第5回ゆる・ふぇみカフェ（領域横断ジェンダーカフェイベント）	アーツ千代田	公開イベント
2020年7月19日	夏の夜のゆる・ふぇみコンサート～抵抗のうたとおはなし～	Readin' Writin' BOOKSTORE	公開イベント（オンライン・オフライン併用）
2020年10月28日	ゆる・ふぇみリーディング＆コンサート～消えない声を聴く	THE315（赤羽）	公開イベント（オンライン・オフライン併用）
2021年2月3日	ゆる・ふぇみ映画と郎読の夜～めぐりあうアポとハルモニ～	Readin' Writin' BOOKSTORE	公開イベント（オンライン・オフライン併用）

（3）運営メンバーの多様性が企画の多様性へと

　第一の特徴はあらゆるもの・ことの多様性を追求することである。これは第三波フェミニズム★が追求してきた真髄のひとつである。21世紀に入り、「いまさら多様性を語る必要などない」と思っている人が多いのではないだろうか。

事実、街を歩けば多様性を意味する「ダイバーシティ」という言葉はあふれている。しかし、現実の社会で語られる多様性のほとんどは、「普通の枠に少し違うものを足すこと」となっている。最たるものが、性の多様性であろう。本来、性のあり様は多様であるにもかかわらず、マジョリティ側は単一であるとしたがる。しかし、時代の流れにより、「性は多様」と言うことによって差別しない人間であると言われたいがために使用している。

　アフロアメリカン・フェミニストのベル・フックスは、第三波フェミニズムの重要性について、理論的展開を行った代表的な論者である。ベル・フックスは著書『ベル・フックスのフェミニズム理論——中心から周辺へ』において、既存のフェミニズム運動に問題提起し、「ジェンダー・階級・人種」の必要性を説いている。ゆる・ふぇみカフェは日本社会における多様性の実現を模索するために、多様性を語る前に、実際に多様な人々が運営することに重要性を置いている。

<コンセプト>ゆる・ふぇみカフェ公式ホームページより
http://yurufemi.blogspot.com
　ゆる・ふぇみカフェは、研究者・ライター・アクティヴィストのトーク、アートやリーディング、音楽、フリマなどをあつめた領域横断ジェンダー×カフェイベントです。「日本人」でないことや、障がいがハンデにされること、仕事が不安定なこと、異性愛でないことなど、他のテーマとジェンダーをつなぎ、それぞれの人が自分らしく生きる力を引き出す、創造的で新しいフェミニズム空間を提供します。トークや展示、お茶やお菓子を楽しみながら、自分なりのフェミニズムとの出会いも、あるかもしれません。

　上記の通り、運営メンバーは、研究者、アクティビスト、学生、アーティスト、デザイナー、ライター、福祉職、公務員、事務職、NPO職員など多様な職業をもつ人々である。当日ボランティアも含めればもう少し広がる。この多様性があることで、ある職業の「常識」は違う職業では常識となっていないことを、活動しながら知ることができる。それに付随して、雇用形態もそれぞれ、常勤職・正社員、非常勤職・非正規労働者、フリーランス、自営業など多

様であったことは見逃せない。現代社会では「階級」は職業や雇用形態といってよいだろう。雇用形態の多様なあり方は、既存の能力主義的価値観、ネオリベラリズム★的な自己責任論を相対化するために大きな役割を果たした。多様な職業、雇用形態の運営メンバーを一同に合わせて会議を行うこと、活動することでは、自己の利害だけを主張しても成立しない。既存の団体の多くはなんらかの「力」関係によって決定してしまう、日時・場所について、毎回の会議開催決定の際に、合理的配慮★とは何かを考えながら決定した。

　次の多様性は、ジェンダー（社会的性差）である。ゆる・ふぇみカフェは、圧倒的に「女」のカテゴリーに含まれるメンバーが多かったが、そうでないカテゴリーを自認するメンバーもいた。さらに仮に同じジェンダーだとしても、経験が違うことで共通するジェンダーに対する認識、考え方、差別体験が異なる。お互いの経験に同意できる場面もあれば、そうでない場面もある。今まで知ること、聞くこと、体験することがなかった経験を聞く場面も大事な多様性確保の瞬間である。

　冒頭に述べたように「個人的なことは政治的なこと」は、フェミニズムにとって大事なスローガンである。しかしスローガンだけが一人歩きを始めることで、抑圧的な運動になることがある。既存の団体で経験を積んできたあるメンバーは「あなたの経験は社会問題のどこに位置するのか」との問いを投げかけられすぎて、個人の経験を軽視されているように感じていたことを話してくれた。また「フェミニズムはこうあるべき、フェミニストは○○をしてはならない」という言葉にとらわれすぎて、自分の解放よりも規範に従うことを覚えてしまったメンバーもいた。このように運営メンバーの体験の共有の蓄積や、一見すると活動とは直接関係のないことのように思える「おしゃべり」「お茶会」「みそ作り」が、メンバーが会議で提案する企画の背景、発する言葉の背景を想像することができた。また、あえて聞くことはしなかったが、セクシュアリティも多様であったことはつけ加えておこう。さらに重要視していたことが、なるべく子どもをもつメンバーともたないメンバーが一緒になって活動する場面を増やすことであった。既存のジェンダー・フェミニズム団体ではあまりみられない要素であった。子どもをもつこと、もたないこと、もてないことなど、多様なリプロダクティブヘルス・ライツ★を日々の活動から知ることが

できる。

（4）時代依存的であるからこそ多様な世代と

次の多様性は、世代である。運営メンバーの年齢構成は10代から40代までと幅広い。一般に、ジェンダー・フェミニズムの思想・価値観は、時代依存的である。そのために、しばしば、活動するにあたって世代間軋轢がある。筆者が、老舗フェミニズム団体で活発に活動していた時期に、著名なフェミニストから「お化粧バッチリしているけど、男に媚びているのか？」と言われたり、友人と合コンに行った時に意中の男性に好かれたいためにとった行動について話をしていたら「フェミニストなのに男に対してそのようなことをするのか」と激昂されたりしたことがある。筆者は当時、これについて、「著名なフェミニストが言っているだから私の考えが足りないのではないか」と考え、その場では反論することができなかった。

その背景に、世代を横断してともに活動するというよりも、「先輩から教えてもらう、先輩のやってきたことを見習う」という権威主義があった。そこでゆる・ふぇみカフェでは、日常の活動から世代間断絶をしない取り組みの重要性を追求していた。もちろんそのように意識しても、ジェンダー・フェミニズムの価値観・思想は、人々の経験を尊重するという側面も重要視するために「私の経験」の万能薬が活動を揺るがすこともあり、常に葛藤があった。しかし、その葛藤を乗り越えないかぎり、既存の支配的な価値基準である、男性中心主義的、権威主義的な社会像のそれとは異なる社会に変えることは不可能である。運営段階で多様な年齢構成であることで、世代の違いにおけるフェミニズムを知ることができるのである。

（5）バラバラの価値観をバラバラのままに

既存の団体の多くは、「志」をともにし、「同じ政策イシュー」を求め、「ひとつのスローガン」をもっていることで存在意義を証明している。とくにジェンダー・フェミニズム関係の団体は、既存の男性中心主義的な社会体系にはっきりと「異論」を唱え、確実に、着実にその訴えをフェミニズム思想にあてはめていく流れがある。この方法は大事なことだ。しかし、ゆる・ふぇみカフェの運営メンバー全員が体系的にジェンダー・フェミニズムを学んでいるわけでもなく、むしろメンバーの大半が「ジェンダーって聞いたことあるし大事そう

だけどわからない」程度の認識からスタートしていた。同時に、ジェンダー・フェミニズムには相当の関心をもっているけれど、それ以外のことにはあまり関心をもってこられなかった、機会がなかったとするメンバーも少なくない数いた。一見すると、同じ団体に集まることのないメンバーが、ひとつの場所に集まった。その際に、相手に思想を強要しないようにする努力はしていた。もちろん、すべての人に満足いくような団体であるかといえば、そうではない。しかし、極力「バラバラの価値観」をそのままにしておくことを、ゆる・ふぇみカフェでは実践している。

> ── **＊話しあってみよう** ──────
> ・自分とは異なるライフスタイルの人々と一緒に活動するにはどうしたらよいか話しあってみよう。

 2 ｜ オンラインとオフラインの活用

（1）ゆる・ふぇみの運営方法（広報）：誰に伝えるのか？

では、多様性を軸におきながら活動している、ゆる・ふぇみカフェはどのように運営されてきたのだろうか。まずは外部への発信方法である。基本的には、運営メンバーにプロのデザイナーがいるために自前でデザインをしたもので広報している。主なものは、紙のチラシ、公式ブログ、Facebook、Twitterそして、個々が加入しているメーリングリストであった。ゆる・ふぇみカフェが開始された2014年には、多くの社会運動の広報はオンラインとオフラインの併用であった。

しかし、併用といっても、大きな組織を母体とするような運動団体、長い間社会運動を牽引してきた歴史問題関係団体などは、紙チラシとメーリングリストやお知らせ掲示板が主流であった。一方、比較的若い世代が中心となっている運動は、SNSの活用がみられた。ただ、ジェンダー・フェミニズム運動はどうだったかといえば、再三いっているが「氷河期」だったため、既存の団体がいつもと同じやり方で奮闘していた。だが今までのようなスタイルの紙チラシで広報しても、伝わる範囲が限られてしまう。ゆる・ふぇみカフェでは、活動に関わってほしいと思っていたのは、ジェンダー・フェミニズムに関心はあ

るけれども、「敷居が高そう」とか「『女子は笑って
いればいいんだよ』って言われて腹が立つけどそう
いうものかなって流していたけど、そのことって
ジェンダー・フェミニズムの問題なの？」などと
思っている層であった。そのような人々は、ジェン
ダー・フェミニズム以外であっても既存の社会運動
団体には足を運んでいないことが多い。そのため、
既存の社会運動で配布されているような紙チラシで
はないものを構想した（図10-1）。

図10-1　第1回「ゆる・ふぇ
みカフェ」のチラシ

　だが、既存の社会運動が多用し重要視していた紙
チラシに有効性がないと考えているわけはない。ゆ
る・ふぇみカフェで、唯一紙チラシの効果があると実感していた場面は、大学
の授業での配布であった。そこで、紙チラシは基本的に大学生にも受け入れら
れるデザインでなくてはならない。情報をどのように配置するのか、色は何が
一番人を惹きつけるのか、カバンに入っていて、友だちに見られても「かわい
い」「イケている」と思われなくてはならない。学生にリサーチしたり、最近
の流行のデザインを研究したり、図のようなチラシ群が積み上げられた。何よ
りも、オンラインでもオフラインでも「映える」デザインと機能性を追求し
た。どちらにも同じくらいの比重を置くことで、オンラインで知っても、オフ
ラインで知っても、変わらないイメージを共有していた。

（2）ゆる・ふぇみの運営方法 (内部)：どうやって運営していくのか？

　多様な運営メンバーであることがゆる・ふぇみカフェの特徴であることは確
認した。これは一見するとすばらしいことであり、ベル・フックスがいう「多
様性とフェミニズム」の理論に合致しているかもしれない。事実そうである。
しかし、既存の思考だけで、実際に団体を運営していくと、多様性はしばしば
障壁になる。たとえば、会議を開催する日、集まる時間を決める際に、子ども
がいる／いない、居住地域の利便性、勤務形態（仕事の休みの違い）など障壁は
枚挙にいとまがない。効率性だけを考えて会議を開催すれば、多数決で多い場
所・時間に決まるだろう。しかし、ゆる・ふぇみカフェは多数決だけで運営す
ることを避けてきた。もちろん、場合によっては多数決で決定する場面もあっ

た。だが、この場合は、一番動きがとりにくい、自分の力ではどうにもできないメンバーの意向を中心に決めた。幼い子が複数いるメンバーの家の近くで開催することが多かった。当初、当事者であるメンバーは、「みんなの中間地点にしたい」と言っていた。一見すると大変「民主的」であり、「平等」にみえるだろう。しかし、毎回、幼い子を連れながら中間地点まで出向いているうちに、「今日はいいや」「遠いし、子どもがぐずるし」となり、活動から疎遠になっていく。事実、少なくないメンバーが、子どもをもつ友人たちが活動をしたいのに、活動から遠くなっていく姿を見ていた。もう二度と「子どもがいるからフェミニズムに関われない」人を出したくない、という共通の見解をもっていた。したがって、会議を開催するにつれて、身動きがしにくい状況にいるメンバーに同じような活動を求めることは、平等とはいえないだろうとの結論に至った。だが、簡単にこの考えが浸透したわけではない、なかには「毎回子どものいるメンバーの都合ばかりはどうなのか。ここに来るのに時間がかかる人もいるのに」という意見も出た。その意見も一理あるだろう。その際に、別のメンバーが「わたしもあなたも、子どもをもつことはないし、今は、とくに体・心に不自由を感じてないけど、病気や怪我をするかもしれないし、親の介護をするかもしれない、その場合には、自分の近くで開催することを言える環境にするために、今、時間・場所に制約のあるメンバーを優先させよう」と言った。すぐに「うん」となる場合もあれば、そうでない場合もある。大事なのは、多様な人々が少しだけの不自由も経験しながら、意見を言いあい運営していくことだ。これは個々が自分に何かあった時に「声」をあげてもいいんだ、という思考を身につけることができ、またそれらの受け皿を醸成することになった。

　なかなか表面には見えにくいのが日々の運営であろう。日々の運営は、極力オンラインで行った。具体的には、日々のやりとりはすべて LINE グループで行い、それぞれプロジェクトごとにグループ LINE を作り作業を行った。さらに、現在では定番となっているが、当時としてはそこまで使用頻度が高いとはいえない、Google ドライブで情報共有しながら作業を進めた。ここで大きく課題となったのが、LINE のやりとりをキャッチできないなどオンライン作業をこなせる人とそうでない人がいたことだ。作業に取り残されてしまい、活動

から距離を置く人もいた。したがって、すべてをオンラインで行うのではなく、月1度は、カフェなどで集まり茶話会と会議をした。時には会議なしのランチ会、お花見などをして、意思疎通を図った。そうすることで、普段オンラインで聞くことのできなかった内容について、確認し、逆にわざわざ会う必要がない問題はLINEなどで解決していった。試行錯誤しながらオフラインとオンラインの活用がゆる・ふぇみカフェの基盤となった。

3 ｜ 本を読むこともフェミニズム運動のひとつである

　第1節・第2節ではフェミニズムと交渉する社会運動——ゆる・ふぇみカフェ——の実践をみてきた。これらの実践にはどのような理論的つながりがあるのだろうか、それらを知るための研究書を紹介する。このほかにも多くのジェンダー・フェミニズムに関する研究書があるので、これらを手がかりとして、多くの書籍を手に取りながら、自分自身が抱える課題をあぶり出してみよう。

　＊読んでみよう

①フェミニストであるか、セクシストであるか：日常にはびこる性差別とどう向きあうのか。
・イ・ミンギョン（すんみ小山内園子 訳）『私たちにはことばが必要だ——フェミニストは黙らない』タバブックス、2018年。
　（原著：이민경、2016、우리에겐 언어가 필요하다 입이 트이는 페미니즘、봄알람）：スマホを開くと「男にもてるには…」「男の子のいやがることはしない」という記事を見て「なんで？　男子の好きなことをしなくてはならないの？」「私の好きなことではだめ？」という答えをもっている人、「声」を上げようとしてためらっている人、この本を読めばその理論が理解できる。
②まずは運動してみること！　フェミニズム運動論：世界はあなたを必要としているから始まる。
・ケイリン・リッチ（寺西のぶ子訳）『世界の半分、女子アクティビストになる』晶文社、2019年。
　（原著：KaeLyn Rich　2018　*Girls Resist!: A Guide to Activism, Leadership, and Starting a Revolution*: Quirk Books）：この本は、問題意識はあり、「声」を上げる準備はあるのだけれども、それをどのように社会に発信したらよいのか、わからない人に、ジェンダー・フェミニズム運動をするための手順が豊富に散りばめられている。実際にどのようにやればよいのかも、書かれている。
---

4 フェミニズム運動の現場を知るには

　本章の目的は、混沌とし、矛盾に満ちた現代社会でジェンダー・フェミニズム思想をどのように実践し、その矛盾を乗り越えようとしているのか、フェミニズムと交渉する社会運動の事例から考えていくことであった。第1節・第2節では、ゆる・ふぇみカフェの実践から「声」を上げる下地である運営における多様性の中身をみてきた。第3節では、自分の課題を見つけるために、まず類似の研究──理論的・経験的──を紹介した。本節では、それらを受けて、実際の運動に参加し観察してみること、実際に運動してみることを通じて、「声」をあげることの意味を理論的、実践的に理解することを目的とする。ここに提示されているものがすべてではないので、これを手がかりに自分なりの「声」の出し方を見つけることが大事である。

（1）調査方法：社会学・文化人類学の方法：運動参加レポートを書いてみよう

　参与観察とは、人々が行うイベント（祭礼、儀礼、結社、偶発的行事など）に参加することを通して、観察データを得ることである。ジェンダー・フェミニズム視点で社会運動を行っている団体の企画イベントに参加し、イベントの様子を観察ノートに記録し、分析を行うことが望ましい。参与観察とは、観察する人が観察される人を直に観察する方法である。観察者がどのようなことを感じとり、どのように行動したのか、行動したことでどのようなことを思考するようになったのか、それらもデータの一部となり記述する。観察のポイントとしては何に「声」を上げているのか、誰に「声」を上げているのか、どのように「声」を上げているのか、などを観察する。

（2）既存の運動を探し、参加してみる

　実際のイベント（集会・デモ・シンポジウム・ワークショップ・勉強会）に参加してみよう。

　その際にどのようにして、情報を得るのだろうか？　現在では多くのジェンダー・フェミニズム団体はホームページ、Feacbook、Twitter、Instagram などをもっている。まずはそのページにアクセスすることが大事である。本章では代表的なフェミニズムに関するポータル・インターネット・サイトを紹介する。2009 年に日本ではじめて総合的な女性情報サイトとして誕生したのが、

ウーマンズ・アクション・ネットワーク Women's Action Network（通称 WAN https://wan.or.jp/）である。このサイトには、日本各地のフェミニズム運動が掲載されている。さらに、ジェンダー・フェミニズム研究および書籍の情報、ドメスティック・バイオレンス・性暴力の相談情報、女性たちのエッセーなど多様なジャンルが掲載されている。次に、特定非営利活動法人アジア女性資料センター Asia Japan Women's Resource Center（通称 AJWRC http://jp.ajwrc.org/）である。1995 年に前身の「アジアの女たちの会」を発展解消し、NGO「アジア女性資料センター」を設立、2000 年　国連社会経済理事会特別協議資格[2]を取得し、日本でも数少ない国際的なフェミニズム団体である。このサイトにはアジアのフェミニズム情報を中心に世界の動きを知ることができる。労働問題について関心があるなら、働く女性の全国センター Action Center for Working Women（通称 ACW2　http://wwt.acw2.org/）のサイトを訪問してみよう。相談活動、裁判支援活動、勉強会など働くことについてフェミニズム視点で運営している。ビジョンの一部「はたらくとは、キャリアを積み上げることではない。はたらくとは、命を支えることだ。賃金が支払われる労働だけではなく、家事・育児・介護・社会活動・趣味など自分を支え、人を支え、命を支えるあらゆる営みである。」（http://wwt.acw2.org/?page_id=39）は大事なことを投げかけている。そのほかにも、ふぇみ・ゼミ～ジェンダーと多様性をつなぐフェミニズム自主ゼミナール～ femizemi.org、在日朝鮮人フェミニズム団体（在日本朝鮮人人権協会性差別撤廃部会）が運営するサイト「だれいき」（http://dareiki.org/）、セクシュアル・コンセント（性的同意）の大切さを広める活動を支援する一般社団法人ちゃぶ台返し女子アクション（https://chabujo.com/）などがある。まずは、どのような活動があるのかをしっかりとリサーチし、そこへ参加し、観察をしてみることから理解が始まる。

（3）応用編：自分で運動を作ってみる！

　実際にジェンダー・フェミニズムに関するイベント（集会・デモ・シンポジウム・ワークショップ・勉強会）を企画運営してみよう。

　まず、運動プランを立てる（今、この社会で怒っている出来事、何がおかしいと思うのか？）。

　どの問題にするのかを探し当てることができたら、次は変化を起こすための

プランが必要になってくる。全体社会のなかで、今問題としていることはどこの位置にあるのかを把握する必要がある。この位置づけを考えないで走り出してしまうと、継続性が乏しい運動になってしまう。そこで、本節で観察してきた団体のイベント観察ノート、企画運営に携わった時の観察ノートが役に立つ。それらのノートから、自分のやろうとしている運動を見直すことで、位置を把握することができるのである。もちろん、一番大事なのは、「この怒りは絶対なくならない。社会が変化するまでは」と自覚化することである。

（4）誰と行動するのか？

次に考えなくてはならない大事な点は、同じ怒りを共有している仲間と出会うことである。実はこれが一番難しいことである。最初は学校・職場・地域の顔見知りから始め、活動することで徐々に仲間が増えていく。

（5）運動を知ってもらうには？

社会運動は自分の「声」を社会に届け、変革を起こさなくてはならない。本章のジェンダー・フェミニズムに関する諸課題でも同様である。そこで大事なのは、本節にもある何に「声」を上げているのか、誰に「声」を上げているのか？、どのように「声」を上げているのか、である。

たとえば：同世代に知ってほしい＜SNS「声」を伝える活動＞

広く社会に知ってほしい＜マスメディア、SNS「声」を伝える活動＞

国家権力に知ってほしい＜裁判・署名活動など＞

それによって、「声」の届け先が異なる。その届け先をしっかり見極めることが求められる。

（梁・永山　聡子）

【注】

（1）主な掲載新聞記事：朝日新聞 2016 年 4 月 14 日「ゆるっと考えるジェンダーの疑問」、毎日新聞、毎日新聞 2016 年 5 月 23 日　大阪朝刊「たのもー！フェミ女道場／1 4　番外編　老若男女集うイベント「ゆる・ふぇみ」って？」、東京新聞「ゆる・ふぇみカフェ」運営委員熱田敬子さん「しみん発」2016 年 8 月 18 日

（2）非政府の非営利公共団体あるいはボランティア団体は、経済社会理事会との協議資格を取得することにより、国連との間で相互利益的な作業関係を構築できる。この資格は、国連憲章第 71 条および経社理決議 1996/31 に基づいている。決議 1996/31 に細かく列挙された権利および特権に従い、

適格機関は、各国政府および国連事務局にとっての技術専門家、アドバイザーおよびコンサルタントの役割を務めることで、国連の作業プログラムと目標への貢献を行うことができる。場合によっては主張擁護団体として、これらの機関は、国連が採択した行動計画、プログラムおよび宣言を実施し、国連のテーマを推進している。経社理およびその様々な補助機関への具体的な関与は、会合への出席、および、その検討事項に関する発言および書面を通じて行われている。さらに総合協議資格を有する機関は、経社理の新たな検討事項を提案することもできる。適格機関はまた、国連、特別総会およびその他の政府間機関が招集する国際会議へも招待される。（NGO の参加形態は、当該機関の手続規則によって規定）国際連合広報センターホームページより https://www.unic.or.jp/activities/un_civilsociety/ngo/ecosoc_ngo/

女の子による、女の子のための 11
メディア研究に向けて

❋ 1 | 女の子とメディア文化

　本書をここまで読んでみて、いかがだっただろうか。

　「はじめに」でも書いているように、各章の主題と分析の対象となる現象は多種多様なものなので、それぞれの章は一見したところ関連性のないものにみえているかもしれない。けれども、各章には、女の子による、もしくは女の子のためのメディア文化の可能性と限界を見通すという共有された視座があった。

　共有されている視座とは、ひとつには若い女性たちを表象し、意味づけようとする主流のメディア文化による権力の作用を分析するというものである。それから、女の子たちによるメディアや文化を通じた表現や実践が、商業メディアへの抵抗やエンパワメントの可能性となる瞬間をとらえようとする試みである。

　つまり、それぞれの章は、メディア文化への女の子たちの従属や抵抗、もしくはそれとの交渉の瞬間を、その可能性と限界のどちらか一方に身を預けて論じるのではなく、むしろその両軸のあいだで揺れ動く振り子の軌道を丁寧に追いかけ、その意味を読み解こうとしている。

　本書のタイトルに含まれている「ガール」という語句は、これまで日本語では 10 代の女の子を指し示す「少女（ティーン）」と訳されてきた。しかし、本書の各論考においてこの語句のもつ含意は、「女の子」や「女子」や「女性」といった言葉で置きかえられている。というのも、今日的な「ガール」という語彙は、「10 代の女の子」という年齢で切り分けられた意味をはるかに超えて、より複雑な意味を表現する言葉として使用されるようになっているからだ。

　「ガール」の意味の広がりの背後には、後期近代におけるライフスタイルの多様性、メディア技術の発展、メディア文化領域の拡大、諸個人の趣味や嗜好の選択の広がりといった新しい現象を見出すことができるだろう。その上で、かつては 10 代の女の子たちによって営まれる諸実践や文化ジャンルを名指すために用いられていた所有格の「ガールズ」という言葉が、今日ではすでに確立されたある種の実践や文化に慣用句的に冠されるものとなったことで、今や

文献・語句解説
← 関連情報

主客の転倒が起きていると考えられる。若い女の子たちによって営まれてきた文化実践が歴史的に蓄積されてきたことによって、今日ではガールズ・カルチャーと呼びうるひとつのジャンルが確固たるものとして存在するようになったからである。

　その結果、そうしたジャンルの文化にアクセスする女性たちは、どのような年齢であろうとも複数形の「ガールズ」としてとらえられることが可能になる。こうしたことから、本書では「10代」の女の子に限定することなく、さらには決して物理的年齢としての「若さ」に拘泥することなく、「ガールズ」という言葉をタイトルに入れることにした。

　この「ガールズ」という語句のコノテーションについては、次節でみていくように英語圏での研究のひとつの分野として「ガールズ・スタディーズ」が展開されていくなかで、大きく2つの角度から説明されるようになってきた。ひとつは、女の子たちを受動的で、犠牲的で、パッシブなものとして定義するものであり、もうひとつは、彼女たちを能動的で、行為主体的で、アクティブなものとしてとらえる視点である。

　本書の各論考においては、その両方のコノテーションを含めて分析の枠組みを設定しつつも、受動性と能動性が決して二項対立の関係として設定されることがないよう努めている。そのため各論考では、まずは文化現象や運動のシーンで起きていることを正面から受け止め、女の子をめぐるこれら2つの視点から文化実践の意味を分析している。各論考の中心的な問いは、女の子たちがどのように表象・解釈されてきたのか、もしくは女の子たちがどのようにみずからを表象・解釈してきたのか、そのような営為は女の子たちの暮らす複雑な現代社会において、女の子たち自身にとってどのような意味をもつものとしてとらえられるのか、といったものになっている。

　したがって、いくつかの章での分析は、日本社会において主流のメディアが行使してきた若い女性たちへの「セクシュアリティの取り締まり」や「性的逸脱へのバッシング」といった、抑圧的な権力行使の側面を明らかにするものになっている。こうした分析は、日本のように女の子たちの地位が非常に低く、女の子たちを力なきものとして意味付与し続ける社会において、間違いなく重要な問いのままであり、有意義な認識の枠組みを提起してくれるはずだ。

けれども、このような、いわば「若い女の子たちへの保護主義的アプロー
チ」（Thiel-Stern 2014：5）にのみ基づいて女の子たちの表象や実践をとらえてし
まうと、結局、女の子たちは守られるべき存在であり、家父長である「男性」
により——もしくはその代理人である母親など年長の、管理者の立場にある女
性たちによって——管理・統制されなければならない存在である、という考え
に読者を至らせてしまうことになるだろう。

　そこで、本書のいくつかの章においては「女性たちは愚かであるか、素朴で
ある」（Thiel-Stern 2014：2）とするような主流のメディアによる女の子たちの語
られ方そのものに疑問を投げかけ、また、アリスン・ピープマイヤーがジン
（Zine）制作の意義について述べる際に用いたように、「『客体化される少女性』
というおなじみの物語に介入する手段として」（2011：165）、女の子たちの文化
実践とさまざまなメディアとの関係をとらえることを試みている。

　こうした試みによって、既存のメディア文化の研究が見落としてきた視点が
鮮やかに浮き上がってくることになる。見落とし、見過ごされてきた視点と
は、そもそも女の子たちはこれまでもメディア文化を生産し続けてきたのでは
ないか、という疑いだ。

　女の子たちはこれまでも、そして現在においても、新旧さまざまなメディア
技術を駆使して活発にコミュニケーション活動を行い、文化生産を行ってきた
のではないか。そして、そうしたコミュニケーションや文化生産は、既存のメ
ディア文化の研究から顧みられることのないまま歴史の襞（ひだ）に封じ込められ、不
可視化されてきたのではないか。しかし、女の子たちによるひそかな文化実践
は、暗黙裡に継承され、彼女たちの独自のアイデンティティを形成し、彼女た
ちに与えられ押しつけられたイメージを攪乱し、既存の社会的位置からの離脱
という可能性を与え続けてきたのではないだろうか。このような問いに基づい
て展開されている本書には、以下の３つの特徴がある。

　第一に、分析の対象となる社会現象を、テレビやソーシャル・メディアなど
商業化された主流のメディア文化の枠内に留め置かず、ジン制作や社会運動な
どマージナルな、もしくはオルタナティブなメディア文化領域にまで広げてい
る点である。

　第二に、女性の文化実践をフェミニズムの分析枠組みのなかでとらえる論考

と、そうではない論考とが入り混じっている点である。もし、メディア文化のあらゆる側面をフェミニズム研究の設定する分析枠組みにのみ基づいて認識してしまうなら、女の子たちの行為のすべてがある政治的目的へと向かう意識的かつ戦略的な意図に基づいているという解釈に陥ってしまうかもしれない。したがって、合理的でコントロール可能な「フェミニズム的主体」の外部での女の子たち、もしくは「フェミニズム」には共鳴していないように見える若い女性たちによる行為や実践や快楽についても、まずは射程に収めようと試みている。

第三の特徴としては、メディアを通じた文化実践の分析を通してみえてくる女の子たちの交渉、戦略、抵抗、葛藤、快楽、ファンタズム、連帯、分断などを単純化することなく、意図的に複雑なもののままとらえようとしていることである。つまり、ある実践は「抵抗」であり、また別の実践は「連帯」である、などとひとつの実践を単一の契機としてとらえるのではなく、ひとつの実践のなかに、時には相反する複雑な意味さえも読み解いていこうとする試みである。このような試みによって、「女の子のように」といった言葉や、「女らしさ」という定型にこれまで貼りつけられてきたレッテルを、女の子たちの実践がどのように改変しているのか、もしくは改変しえていないのか検討できるようになる。本書の各論考をしっかり読んでいくことで、みなさんもまた、こうした両義性をメディア文化におけるさまざまな表現や社会運動のなかに見出していくことができるようになることを願っている。

❋ 2 │ 「ガールズ・スタディーズ」の広がり

次に、女の子たちを主役にすえた研究の海外での広がりと、日本での展望の可能性について簡単にみていく。欧米では第三波フェミニズムの論客たちによって、1990年代半ば以降から現在にかけて、若い女性の文化実践や社会運動に関する研究や議論が積極的に展開されてきた。第三波フェミニズムとは、1990年代半ばから今日まで、グローバル化と新自由主義イデオロギーが蔓延する後期近代の時代に登場した、フェミニズムのひとつの潮流である（田中2019：165）。

「第三波」という順番を表す接頭語がついていることからわかるように、

フェミニズムの運動や研究には、これまで3度のムーブメントが起きたと考えられている。1度目は、19世紀末から20世紀前半の、第一波フェミニズムのムーブメントである。この時期に多くの国や地域で男女間での法律上での平等を求める運動が広がった。その結果、近代的市民社会において保証されているさまざまな基本的人権に基づいて、女性による参政権や私有財産権が獲得されるようになった。

　1960年代末から1970年代にかけて隆盛を誇ったフェミニズムの運動と研究が2度目のムーブメントである。ここでは、法や制度の網の目をすり抜けて広がる男女間の不平等の問題を、人々の日常生活の関係性のなかに見つけ出し、根源的な水準で不平等を改善しようとするラディカルな女性解放運動が展開された。その結果、ある程度までは男女間の労働機会や教育機会の不均等、メディア文化におけるジェンダー表象の偏り、コミュニケーションの場でのジェンダー間の不均等な関係性などが女性たち自身によって批判され、改善されることになった。

　1980年代以降になると、相対的に女性たちの地位は向上し、ジェンダー平等や機会均等への意識が高められ、「ジェンダー平等」はある種の社会的目標にも掲げられるようになった。そのため、このような時代に生まれ育った次世代の若い女性たちは、従来の男性中心のまなざしによって構成された文化による支配や、男性中心の価値観に従属させられている女の子や女性たちの文化を通じて、男性中心の文化のあり方に異議を唱えるようになった。そのもっとも可視化された運動が、1990年代の欧米でのライオット・ガール・ムーブメント（Riot Grrrl Movement）であり、メディア・スタディーズやカルチュラル・スタディーズにおけるガールズ・カルチャー（女の子の文化）の意味づけや定義の見直しであった。

　女の子たちによるメディアと文化の研究に取り組むための最初のきっかけを与えたのは、フェミニスト・カルチュラル・スタディーズの第一世代であるアンジェラ・マクロビーらの研究である。とくに彼女がジェニー・ガーバーと1978年に共同執筆した論文「少女たちとサブカルチャーズ（Girls and Subcultures）」（McRobbie 2005 に収録）では、さまざまな文化領域に存在していたはずの若い女性たちの存在が、それまでのほとんどの文化研究において不可視

化され、無視され、文化生産の主体として記述されてこなかったという点がはじめて指摘されることになった。

　戦後の多様な若者文化の写真や残された映像などを観ればわかるように、どのような文化実践の領域においても、そこには必ず若い女性たちの姿が映し出されている。数は少なかったのかもしれないけれども、男性中心のストリート文化であると考えられてきたもの——たとえばカリフォルニア州のドッグタウンで生まれた伝説的なスケートボード集団「Z-Boys」をとらえた映像のなかにも、女の子のスケーターは存在していた。もしくは、ブロンクスでヒップホップが誕生した 1970 年代、黎明期のブレイクダンスの実践者たちのなかには多くの女性ダンサーが含まれていたという証言もある（チャン 2016）。

　つまり、新しい文化の生産現場には、常にすでに若い女性たちが存在していた／いるのである。にもかかわらず、彼女たちの存在が調査や研究の対象から外されてきたのはなぜなのか。もしくは、存在していたはずのものを見えなくさせてきた認識論的拒絶のメカニズムはどのようなものであったと考えられるのか。

　こうした認識論的拒絶のメカニズムのひとつとして、マクロビーと同時代の文化研究者であるサイモン・フリスによる記述を、例としてあげることができる。彼はその主著『サウンド・エフェクト』において、女の子たちの文化を「ベッドルームで始まり、ベッドルームで終わる」（Frith 1981 : 228）と描写している。フリスの言葉からわかるのは、男性研究者のあいだでは、女の子たちの文化実践がストリートのような公共の空間ではなく、私的で家庭的な空間での文化消費としてひっそりと展開されていると認識されていたということだ。

　マクロビーとガーバーの論文は、英語圏における若い女性と女の子の文化研究にあらたなページを切り開いていくメルクマールとなり、その後、多くの女性研究者たちが文化生産者としての女性の存在をクローズアップするようになった。私的で家庭的な空間での文化活動だけでなく、その外部の空間での女の子たちの文化実践について、これ以降、多くの研究が行われるようになっていく。

　2000 年代に入ると、「ガールズ・スタディーズ」は英語圏で研究の一大ジャンルとして確立されていった。第三波以降のフェミニズム研究や社会運動の調査と並走しながら、女の子たちによる文化表現や文化実践、社会運動について

数多くのモノグラフィーや論集が出版された。このような研究の広がりを受けて、2011 年にはインターナショナル・ガールズ・スタディーズ学会（International Girls' Studies Association ／ IGSA、https://girls-studies.org/）が設立され、2016 年と 2019 年には大会が開催された。この分野の研究は、今後ますます発展していくことになるだろう。

　こうした研究のなかには、メアリー・カーニー（Mary Kearney）による『メディア化されたガールフッド（Mediated Girlhoods）』（2011）と『メディア化されたガールフッド第 2 巻（Mediated Girlhoods vol.2）』（2018）、ミッシェル・S・ベイとオルガ・イヴァシケビッチ（Michelle S. Bae, Olga Ivashkevich）による『女の子たち・文化生産・抵抗（Girls, Cultural Productions, and Resistance）』（2012）、シャイラ・ティル＝スタン（Shayla Thiel-Stern）による『ダンスホールから Facebookへ（From the Dance Hall to Facebook）』（2014）、エイミー・シールズ・ドブソン（Amy Shields Dobson）による『ポストフェミニスト・デジタルカルチャー（Postfeminist Digital Cultures）』（2015）、ジェサリン・ケラー（Jessalynn Keller）による『ポストフェミニズム時代における女の子によるフェミニスト・ブログ（Girls' Feminist Blogging in a Postfeminist Age）』（2018）などがある。

　こうしたあらたな研究や運動の要点は、次のようなものである。

　まず文化の領域において常に従属的な存在であるとされてきた「ガール」というワードに、それまで与えられてきた「か弱さ」や「従属」や「受動性」といったものだけではなく、「強さ」や「積極性」や「主体性」といった意味を付与しているという点である。さらに、これら新しい研究や分析において、そもそも 10 代の少女を示す言葉であった「ガール」という概念は、年齢的にも、人種的にも、階級的にも、ライフスタイル的にもその外郭を引き延ばされ、より複雑な主体として再構築されている。同様に近年、日本の研究や批評の領域でも、「少女」の互換概念とまで言えないかもしれないが、その代替概念のひとつとして、「女子」という言葉が使用される傾向がみられる。

　日本における若い女性を研究する学問や言説の系譜のなかで、「少女」という言葉が「女子」という言葉に（すべてではないにせよ）変換されつつある背景には、上述したように海外の研究において「ガール（Girl）」のコノテーションが拡大されるようになってきたことと照応関係があると考えてみることもでき

るだろう。

　たとえば、馬場伸彦と池田太臣によって編集された『「女子」の時代！』(2012)、米澤泉による『「女子」の誕生』(2014)、吉光正絵、池田太臣、西原麻里によって編集された『ポスト〈カワイイ〉の文化社会学：女子たちの「新たな楽しみ」を探る』(2017) など、「女子」をキーワードとした研究書が刊行されている。

　これらの本には、日本社会で生きるさまざまな女性たちを分析し、論じていくという点で非常に重要な役割が与えられている。しかし、海外での研究のようにデジタル文化やフェミニズム／ポストフェミニズムとのかかわりを中心に据えて女子文化を論じているものはそれほど多くは書かれていない。例外的に、菊池夏野 (2019)『日本のポストフェミニズム――「女子力」とネオリベラリズム』においては、馬場他や米澤によって評価された「女子」や「女子力」というものを、ポストフェミニズムの文脈で両義的かつ批判的にとらえている。つまり、現在の日本社会で「女子」というカテゴリーを称揚し、「女子力」を肯定的にとらえることが、女の子たちの個人的な選択の幅を広げ、(第二波の) フェミニズムのイデオロギーに拘泥することなく女の子たちが「自由に」エンパワメントできるあらたな衣服のようなものとして、機能している一方で、新自由主義イデオロギーに積極的に寄り添う主体として形成され、もしくは表象される傾向にあるというのである。

　本書においても、いくつかの論考では「ポストフェミニズム」を軸に議論が展開されている。日本語で読めるいくつかの「女子」論とともに本書を読みながら、今日の「女らしさ」や「女性性」、もしくは「女子」や「女子力」といった言葉についても同時に考えていってほしいと考えている。

　このように、メディア文化やコミュニケーション実践において、これまで不可視化されてきた「女 (の) 子」たちは、新しい文化の担い手として「あらたに」発見されるようになった。これらの研究はどれも非常に興味深い内容のものばかりである。しかし、残念なことにその多くが英語で執筆されていて翻訳書も出版されていないことから、こうした文献を日本語で読むことは困難である。そして、日本の大学において、女の子たちの文化実践を卒業研究のテーマに選ぶ学生が増えているなか、先行研究は少なく、分析のための視座や理論を

獲得するのが難しい。そこで、本書では、女の子文化の研究や、新しいフェミニズムの文脈に精通した研究者たちに、英語圏における研究を踏まえた上で、それぞれのフィールドでの調査に基づいて女の子とメディア文化について執筆してもらうことにした。本書は、応用可能な研究の見本として、女の子の実践やメディア文化とのかかわりに関心のある学生たちの役に立つことだろう。

1990年代以降の社会情勢の変化――新自由主義とポストフェミニズム、多文化や多様性の広がりとそれへの反発、メディア環境とコミュニケーション・テクノロジーの大きな変化――をふまえた調査研究は、今後ますます必要になってくるだろう。オンライン上のネットワークに接続されるというメディア技術を用いた、若い女性たちの自己表現や自己のブランド化、もしくは新しいつながりの形成といった現象は、今や国境を越え、至るところで同時多発的にみられる現象である。本書の執筆者たちは、日本においても同様の研究がなされることが喫緊の課題であると考えている。本書におけるいくつかの議論は、その礎となるはずだ。

3 メディア文化とフェミニズム

最後に、メディア文化とフェミニズムの関係について簡単に説明する。

21世紀に突入した現在、テクノロジーの発展によってメディアとそれを取り巻く環境や、それを通じて生み出される文化は、とてもややこしい状態になっている。それは、メディアと女の子、メディアとフェミニズムとの関係についても同様である。

ジェサリン・ケリーは『ポストフェミニスト時代の女の子によるフェミニスト・ブログ』(2016) という本の結論部分で、編集者で作家でもあるジュリー・ツァイリンガーの言葉を引用し、若い女性たちとメディアとの関係について次のような見解を示している。

> フェミニストは、メディアにおけるフェミニズムのネガティブなステレオタイプと、フェミニズムは死んでしまったという包括的な考えに対抗するという点で、まだやるべきことがたくさんありますが、今日の10代の女の子たちは完全に準備ができており、その戦いに喜んで挑むと思います。(Keller 2016 : 181)

フェミニスト・ブログ「Ｆ爆弾（The F Bomb）」（「Ｆ」とはフェミニズムを意味する）を 2009 年から主催しているツァイリンガーの言葉は、今日のソーシャル・メディアとフェミニズムの関係について肯定的にとらえる視点があることを私たちに教えてくれる。今日の社会において女の子たちは、テレビ番組やファッション、映画などの商業化された主流の文化や、サブカルチャーやオルタナティブ・メディア、個人的な配信など非主流の文化のなかから自分たちが入手できる素材と技術を取り出し、活用し、オンライン空間でさまざまな活動を行っている。

　本書においても、同様の観点から、女の子たちを表象するメディア文化と、女の子たちが中心になって行っている活動のうちからいくつかの現象を切り取り、「消費活動」から「社会運動」にまでわたる幅広い領域のなかに女性たちの文化的な実践を見据え、新旧のメディアとのかかわりについて分析している。

　「はじめに」でも述べたように、メディアと女性との関係は、一筋縄ではいかない。というのも、男性研究者を中心に展開されてきたメディア研究において、長いあいだ、メディアと女性とはあまり相性の良いものとしては考えられてこなかったからである。たとえば、女性はメディア機器——ビデオデッキやゲーム機などのテクノロジー機器——の接続や取り扱いが得意ではない、というような広く社会に埋め込まれた認識は、科学技術やメディアに対して女性は苦手意識をもつものだという偏見に満ちた考え方である。ところが、そのような特定のジェンダーに対する偏った認識があたかも事実であるかのように、メディア研究は設定されてきたのだ。

　メディア技術との関係にとどまらず、新聞やラジオ、映画やテレビといった既存のメディア文化の領域においても、女性の存在感は長いあいだとても希薄なものだった。「作り手」としても「受け手」としても、女性たちがメディア文化の主要な行為主体として活躍することは阻まれ、しかもプレゼンスの低さからその存在が研究の中心に置かれることはほとんどなかった。メディアの世界は、男性たちが優位で女性たちは劣位に置かれ、男女間の格差があることが自然な状態である、という環境のもとで編制されてきた（田中 2013：79）。

　ところが、メディア研究の中心にインターネットやオンラインのメディア調査分析が躍り出るようになると、メディアを利用する女性たちやメディア文化

の領域で表現活動や文化実践に携わる女の子たちの存在が急速に可視化され、目立つようになってきた。

　インターネットと若い女性たちとの関係を早くから分析しているマツァレラ（Mazzarella）は、「10 代の女の子たちは、親世代が電話やテレビを使ってきたように、インターネットやデジタル・メディアを使いこなしている」（2005：1）と述べている。こうした研究では、女の子たちのあいだでのメールのやりとりやブログの閲覧・執筆、チャット機能を使った女性同士でのコミュニケーション活動などがとても活発になっていることが注目されてきた。

　つまり、インターネットやオンラインの空間において、かつて男性と女性のあいだにあったとされているジェンダー間のデジタル・デバイド（情報格差）の傾向は、ある程度乗り越えられたと考えられるようになったのである。従来型のマスメディアである新聞やテレビに比べると、若い女性たちは比較的容易にソーシャル・メディアを中心とするオンラインの空間にアクセスし、それを難なく使いこなすようになっている。

　実際、ここ数年のあいだに、ソーシャル・メディアを利用して、若い女性たちのあらたな声が発信されるようになりつつある。それは、1970 ～ 80 年代に流行した「フェミニズム」の復活ともみなしうるような、ジェンダー間の格差や差別、抑圧の問題を告発し、問い直し、討論しようとする無数の小さな声として、私たちの前に出現するようになった（Rivers 2017）。

　こうした現象は世界のさまざまな地域で急速に広がりつつあるのだが、日本においても同様の傾向は現れている。1990 年代から 2010 年代頃にかけてはむしろ避けられていたような「フェミニズムっぽい言葉（＝Fワード）」が、現在ソーシャル・メディアのなかで頻繁に生み出され、盛んに拡散されている。ソーシャル・メディアの世界を少しのぞいてみるだけで「＃ MeToo」や「＃ Heforshe」や「#everydaysexism」のような英語圏発祥のタグ、「＃あなたのフェミニズムはどこから」やテレビドラマのエピソードをきっかけに生まれた家事や育児に非協力的な夫の様子について呟く「＃うちのインティライミ」や、法政大学教授の上西充子氏が作った「＃呪いの言葉の解き方」などの言葉を見つけることができる。

　「＃（ハッシュタグ）」と呼ばれる検索のための記号を付されたフェミニズムの

言葉は一時的な盛り上がりにすぎず、組織的な行動でもなく、「アクティヴィズム」と称するには微力なものであるかもしれない。しかし、他の女性たちとの連帯への意識を明示できるハッシュタグというものはソーシャル・メディアのなかで可視化され、普及するようになっている。

　さらに、いくつかのオンラインジャーナルでは若い女性の書き手たちが積極的にフェミニズムに関する記事を書くようになり、こうした潮流について既存のマスメディアも注目し、これまで以上に積極的に報道するという循環が形成されつつある。前節でも指摘した通り、メディア文化研究における女の子の役割は、単なるオーディエンス（＝メディア文化の消費者）という立場から、プロデューサー（＝メディア文化の生産者）という立場へと拡大して論じられるようになりつつある。

　こうした変化の事例として、日本社会において近年増加しつつある、主流のマスメディアのコンテンツや広告、もしくは政府諸機関が提起する女性政策（やその広報）などパブリックな空間における女性の表象への批判が、プライベートなやりとりを行うソーシャル・メディア上で頻出するようになった点をあげることができるだろう。別の事例として、若い女性たちによるプライベートな空間で撮影された動画が、LINE や Twitter などを経由したストリーミング配信などを通じて、ただちにより広大なコミュニケーション空間へと接続・拡散されている現象をあげることもできるだろう。

　これらの事例が示しているのは、パブリックな言説空間とプライベートな言説空間とがくっきりと切り分けられ、区別しやすかった時代が終わり、パブリックな空間とプライベートの空間が融合したということだ。その結果、私たちを取り囲むメディアと言説の空間は切り分けが不分明なシームレスなものへと変化したのである。さらには、オンライン上での言説空間と、現実の社会空間、もしくはマスメディアの言説生産とが相互参照し、相互循環しているのが、今日のメディア環境の特徴であるとも考えられる。

　こうした新しいメディア環境の波を、女の子たちはどのように乗りこなしていくのだろうか。本書を読み終えたあなたに、ぜひこの研究の続きを書き進めていってほしい。

（田中　東子）

索　　引

【執筆者紹介】（執筆者順）

田中　東子（たなか　とうこ）（編者、はじめに、第11章）・————————・

大妻女子大学文学部教授

主著：『メディア文化とジェンダーの政治学——第三波フェミニズムの視
点から』（世界思想社、2012年）、『出来事から学ぶカルチュラル・
スタディーズ』（編著、ナカニシヤ出版、2017年）

推しの表現者：森脇真末味と名香智子

竹田　恵子（たけだ　けいこ）（第1・8章）・————————————・

東京女子大学女性学研究所特任准教授

主著：『生きられる「アート」—パフォーマンス・アート《S/N》とアイデンティ
ティ』（ナカニシヤ出版、2020年）、『出来事から学ぶカルチュラル・ス
タディーズ』（ナカニシヤ出版、2017年）

推しの表現者：タロン・エジャトン（俳優）、古橋悌二（アーティスト）

上村　陽子（うえむら　ようこ）（第2章）・———————————————・

日本学術振興会特別研究員（大妻女子大学）

主著：「改革・開放以降の中国の家電広告におけるジェンダー表象分析——
日中間のモノとイメージの越境をめぐって——」（博士論文、2014年）、
『ジェンダー研究を継承する』（分担執筆、人文書院、2017年）

推しの表現者：忌野清志郎、アレサ・フランクリン、温又柔

中條　千晴（ちゅうじょう　ちはる）（第3章）・───────────────・

所属：フランス国立東洋言語文化学院（INALCO）語学専任講師

主著：論 文《 Engendering Transnational Transgressions 》（ 分 担 執 筆、
Routledge, 2020）、 論 文《 Mémoire sonore du Japon – le disque, la
musique et la langue 》（分担執筆、Université d'Orléans、2021）

推しの表現者（好きな映画）：『天使の分け前』（ケン・ローチ監督、2012年）、
『パリ20区、僕たちのクラス』（ローラン・カンテ監督、2008年）、マーベ
ルシリーズ

中村　香住（なかむら　かすみ）（第4章）・───────────────・

慶應義塾大学大学院社会学研究科・産業能率大学経営学部　非常勤講師

主著：『ふれる社会学』（分担執筆、北樹出版、2019年）、『「百合映画」
完全ガイド』（分担執筆、星海社、2020年）

推し表現者：夏川椎菜（TrySail）、Joe Rohde（元Walt Disney
Imagineering）、藤子・F・不二雄

東　園子（あずま　そのこ）（第5章）・───────────────・

京都産業大学現代社会学部　准教授

主著：『宝塚・やおい、愛の読み替え──女性とポピュラーカルチャーの社
会学』（新曜社、2015年）、『BLの教科書』（分担執筆、有斐閣、2000年）

推しの表現者：大川ぶくぶ（漫画家）

有國　明弘（ありくに　あきひろ）（第6章）・───────────────・

大阪市立大学大学院文学研究科後期博士課程

主著：「学校で踊る若者は『不良』か──ストリートダンスはどのようにして
学校文化に定着したか」『新社会学研究』第5号（近刊）、『ふれる社
会学』（分担執筆、北樹出版、2019年）

推しの表現者：Chrissy Chou（ワックダンサー）、YOSHIE（Be Bop Crew/
ダンサー）、JABBER LOOP（クラブジャズバンド）、鳥山
明、スタン・リー

182

渡辺　明日香（わたなべ　あすか）（第 7 章）・────────────────────・

共立女子短期大学生活科学科教授
主著：『東京ファッションクロニクル』（青幻舎、2016 年）、『こころをよむ
　　　時代をまとうファッション』（NHK 出版、2020 年）
推しの表現者：ウィリアム・クライン、都築響一、ビョーク

村上　　潔（むらかみ　きよし）（第 9 章）・────────────────・

立命館大学衣笠総合研究機構（生存学研究所）客員研究員、立命館大学大学院先
端総合学術研究科・神戸市外国語大学・滋賀県立大学人間文化学部非常勤講師
主著：『主婦と労働のもつれ──その争点と運動』（単著、洛北出版、2012 年）、「ア
　　　ナーカ・フェミニズムにおけるジン──ジンが教育／スペースであること」
　　　『現代思想』第 48 巻第 4 号（2020 年）
推しの表現者：Quiet Hills Zine Collective（Q.H.Z.C.）

梁・永山聡子（やん・ながやま・ちょんじゃ・さとこ）（第 10 章）・────────・

一橋大学社会学研究科博士後期課程（専門：社会学・ジェンダー・フェミニズ
ム研究、社会運動論、朝鮮半島の歴史と社会運動）
主著：共著『社会学理論のプラクティス』（分担執筆、くんぷる、2017 年）、『私
　　　たちの「戦う姫、働く少女」』（分担執筆、堀之内出版、2019 年）
推しの表現者：You Key/ 鄭優希、UG、キム・ミョンファ、みょんふぁ

【編著者紹介】

田中　東子

1972年生まれ。早稲田大学大学院政治学研究科単位取得退学。博士（政治学）。
大妻女子大学文学部教授。専門分野はメディア文化論、ジェンダー研究、カル
チュラル・スタディーズ。第三波フェミニズムやポピュラー・フェミニズムの観
点から、メディア文化における女性たちの実践について調査と研究を進めている。
愛猫家。

主著：『メディア文化とジェンダーの政治学——第三波フェミニズムの視点か
　　　ら』（単著、世界思想社、2012年）、『足をどかしてくれませんか。——メ
　　　ディアは女たちの声を届けているか』（分担執筆、亜紀書房、2019年）、
　　　『出来事から学ぶカルチュラル・スタディーズ』（編者、ナカニシヤ出版、
　　　2017年）

主論文：「フェミニズムが「まあまあ」ポピュラーになりつつある社会で」『早稲
　　　田文学』2020年春号（118-127，2020年）、「感じのいいフェミニズム？　ポ
　　　ピュラーなものをめぐる、わたしたちの両義性」『現代思想』vol.48-4（26-33，
　　　2020年）

＊　Twitter：@ enfanteest72

ガールズ・メディア・スタディーズ

2021年6月20日　初版第1刷発行

編著者　田　中　東　子
発行者　木　村　慎　也

・定価はカバーに表示　・印刷／製本　モリモト印刷

発行所　株式会社　北樹出版

〒153-0061　東京都目黒区中目黒1-2-6
URL:http://www.hokuju.jp
電話(03)3715-1525(代表)　FAX(03)5720-1488